Bernd Brucker · Jederzeit schlagfertig

Bernd Brucker

Jederzeit schlagfertig

Clever argumentieren –
geschickt kontern

GONDROM

Bernd Brucker arbeitete nach einem Studium der Germanistik und Anglistik in einer Werbeagentur. Heute ist er freier Texter und Autor.

Produktion: Medienagentur Drews, Augsburg
Covergestaltung: Jarzina Kommunikations-Design, Köln
Coverfoto: © Leonard Lenz/zefa corbis

011

ISBN-10: 3-8112-2836-6
ISBN-13: 978-3-8112-2836-8

5 4 3 2 1

www.gondrom-verlag.de

Inhalt

Schon wieder sprachlos?

Da wundern wir uns mal wieder, dass wir bei einer Verhandlung über den Tisch gezogen wurden, bei einer Diskussion den Kürzeren gezogen haben, in einem Gespräch überfahren – oder noch schlimmer: ausgebootet – wurden. Und das alles nur, weil im entscheidenden Augenblick die richtigen Worte fehlten.

Die Verwunderung dauert allerdings nur ein paar Sekunden: Dann ärgern wir uns! Zunächst nur ein bisschen, nach einer Weile schon ein bisschen mehr, und wenn wir uns schließlich lange genug geärgert haben, reift langsam – nach jeder einzelnen dieser kleinen persönlichen Niederlagen – der Entschluss, es bei der nächsten Gelegenheit besser zu machen.

Das Dumme an der Sache: Eine zweite Chance gibt es nicht, denn haben wir uns erst einmal eine passende Antwort für eine bestimmte Situation zurechtgeschneidert, dann dauert es meist sehr lange, bis der richtige Augenblick dafür gekommen ist.

Wenn es dann endlich so weit ist, haben wir den treffenden Spruch bereits wieder vergessen – oder er erscheint aus unerfindlichen Gründen plötzlich doch nicht mehr so passend.

Das Sonderbarste an der Schlagfertigkeit ist aber nicht, dass sie jeden Einzelnen von uns in schöner Regelmäßigkeit im Stich lässt. Viel merkwürdiger und beunruhigender ist es, dass einige wenige scheinbar in jeder Situation schlagfertig sind.

Hier nun die gute Nachricht: Schlagfertigkeit kann man erlernen. Man kann sie sich Schritt für Schritt aneignen, und dabei möchte dieses Buch Ihnen zur Seite stehen. Die Patentlösung für jede Gelegenheit werden Sie freilich nicht finden.

Dafür aber eine Auswahl von beispielhaften und lehrreichen Alltagssituationen, von denen Sie unter Garantie viele schon selbst durchlebt und durchlitten haben.

Neben einigen nützlichen Tipps, wie Sie solche Situationen spielend meistern können, erfahren Sie allerlei Wissenswertes und Hintergründiges über all die »hinterhältigen« Tricks, die bisher immer nur gegen Sie verwendet wurden und die es Ihnen – wenn Sie sie erst einmal durchschaut haben – ermöglichen, auch einmal zu glänzen.

Darüber hinaus ist Schlagfertigkeit aber noch weit mehr als die Kunst, das letzte Wort zu behalten oder sich in jeder Lebenslage durchzusetzen, denn darauf kommt es nicht unbedingt an.

Wer schnell und flexibel reagieren kann, tut sich nicht nur leichter in seiner Gesprächsführung, sondern ganz allgemein im Umgang mit anderen Menschen: eine Fertigkeit, die einen zum gern gesehenen Gast und Gesprächspartner bei diversen Anlässen macht.

Das Geheimnis besteht nicht nur darin, dass Sie auf jede Frage auf Anhieb eine passende Antwort wissen oder für jede Situation den passenden Witz auf Lager haben. Gelegentlich können Sie auch auf noch charmantere Art punkten.

Einführung

Wozu schlagfertig sein?

Weil »die natürliche Schlechtigkeit des menschlichen Geschlechts« – so formuliert es Arthur Schopenhauer – uns beinahe keine andere Wahl lässt! Man darf sich eben nicht alles gefallen lassen, schon gar nicht von jedem, und wer noch immer daran glaubt, dass es auf dieser Welt fair und gerecht zugeht, dem sei Bertolt Brecht mit seinen Geschichten von Herrn Keuner ans Herz gelegt.

Wer sich zu viel gefallen lässt, der ist selbst dran schuld, und wer nicht immer den Kürzeren ziehen will, der wappne sich gegen bevorstehende Angriffe! Nur der Schlagfertige kann sich gut verteidigen und – wenn es dringend nötig ist – auch selbst kleine Spitzen setzen. Selbstverständlich nur mit den besten Absichten, dabie mit viel Esprit, geistreichem Witz und feiner Ironie!

Er meistert auch die kritischsten Gesprächssituationen mit spielerischer Eleganz, er nimmt das Heft in die Hand, ist Herr der Lage und Chef im Ring.

Ziel der Schlagfertigkeit kann es nicht sein, sich mit seinen Kontrahenten auf eine Stufe zu stellen –

man muss sie in den Schatten stellen, sie überstrahlen.

Erst wenn man einen Wirkungstreffer erzielt hat – der Bezug zum Boxen kommt nicht von ungefähr – und voller Überzeugung sagen kann: »Das hat gesessen!«, stellt sich die innere Zufriedenheit ein und man fühlt sich von einer schweren Last befreit: dem Gefühl, wieder einmal der Dumme gewesen zu sein ...

Dies ist die eine Seite. Auf der anderen Seite dient die Schulung der Schlagfertigkeit der geistigen Beweglichkeit. Man lernt, die Welt aus verschiedenen Blickwinkeln zu betrachten und sich in Gesprächspartner hineinzuversetzen: eine wichtige Grundlage, um Konflikte zu entschärfen. Endlich schlagfertig! Ein Glückspilz, wer dies von sich behaupten kann, aber zunächst einmal eine ganz andere – aber entscheidende Frage:

Was ist eigentlich Schlagfertigkeit?

Stellen Sie sich einmal zwei Boxer vor, die sich im Ring gegenüberstehen. Sie belauern sich gegenseitig und sind jederzeit bereit, die kleinste Unaufmerksamkeit des Gegners zu nutzen, um einen Treffer zu erzielen. Schlagfertigkeit im wahrsten Sinne des Wortes!

Oder nehmen Sie den Baseballsport: Den Schläger weit ausgeholt wartet der Spieler auf den nächsten Wurf. Auch er ist ohne Zweifel schlagfertig. Aus diesem Vergleich lassen sich übrigens eine ganze Reihe wertvoller Erkenntnisse gewinnen, auch wenn man kein ausgesprochener Baseballexperte ist. Ein Laie, der zum ersten Mal ein Spiel beobachtet, fragt sich möglicherweise, warum nur so selten mit voller Wucht nach dem Ball geschlagen wird. Die Antwort ist ganz einfach: Harte Schläge sind nur in ganz bestimmten Fällen die beste Alternative.

Dennoch wäre es ein Fehler, sie nicht zu trainieren, denn damit würde man dem Werfer das Spiel erleichtern. Es gilt die alte Weisheit: Je vielseitiger man ist, desto eingeschränkter sind die Mittel des Gegners. Ähnlich verhält es sich auch mit der Schlagfertigkeit: Erstens gibt es nicht immer nur eine richtige Antwort, sondern beliebig viele. Zweitens ist der härteste Schlag nicht immer der effektivste. Drittens, und das ist sehr beruhigend, kann man an der Technik feilen. Eine flinke Zunge ist – entgegen der landläufigen Meinung – nicht nur eine natürliche Begabung, die der eine hat und der andere braucht. Schlagfertig kann jeder sein, der es darauf anlegt.

Das behaupten nicht nur die professionellen Schlagfertigkeitstrainer, die stets darum bemüht sind, auf jede Frage die richtige Antwort zu finden.

Es ist zwar ein mühsames, aber durchaus lohnenswertes Unternehmen – und das Ergebnis ihrer Arbeit können wir in diversen Talkrunden im Fernsehen bestaunen, in denen sich Politiker, Wirtschaftsgrößen und andere Rhetorik-Asse Wortgefechte liefern, die es in sich haben.

Man wird kaum erleben, dass einer dieser Profis jemals sprachlos wäre, und gelegentlich blitzt sogar ein Funke Genialität auf.

Diese Geistesblitze sind jedoch kein Privileg einiger Auserwählter. Sie begegnen uns beinahe täglich im Gespräch mit Freunden, Bekannten und Kollegen – und gelegentlich auch bei uns selbst.

Wer kennt sie nicht, die kleinen Erfolgserlebnisse, wenn man mit einer schnellen Bemerkung nicht nur seinen Gesprächspartner, sondern auch sich selbst verblüfft.

Diese Momente des Triumphes sind leider viel zu selten, aber immerhin ein guter Anfang.

Grundlagen der Schlagfertigkeit

Neben dem spielerischen Umgang mit der Sprache kommt es vor allem aufs richtige Timing an. Ein kluger Mensch hat es einmal so formuliert: »Schlagfertigkeit ist nichts anderes als laut zu denken und dabei das Gehirn auszuschalten.« Geschwindigkeit ist also oberstes Gebot, und so kommt es nicht so sehr darauf an, was man sagt, sondern dass man es sagt, und zwar zum richtigen Zeitpunkt. Das ist aber leichter gesagt als getan.

Ohne Zweifel tragen Sie Ihr Herz am richtigen Fleck, aber auch auf der Zunge? In der Realität sieht es doch eher so aus, dass wir uns oft nicht trauen, das auszusprechen, was uns spontan einfällt. Aus unerfindlichen Gründen fühlen wir uns blockiert. Nun, warum eigentlich?

Die Verhaltenspsychologie spricht vom so genannten »Monitoring«, was man auch mit der Schere im Kopf umschreiben kann – zumindest läuft es darauf hinaus. Es ist eine Art Schutzmechanismus, der von Mensch zu Mensch und von Situation zu Situation unterschiedlich stark ausgeprägt ist und uns davor bewahren will, etwas zu tun, was uns schaden könnte. Bevor wir also unseren Mund aufmachen, schaltet sich unser Gehirn ein und stellt – ohne dass wir viel davon mitbekommen – etwa folgende Fragen:

Kann man das wirklich sagen?
Kann ich das wirklich sagen?
Kann ich das wirklich so sagen?
Soll ich es tatsächlich sagen?
Soll ich es vielleicht anders sagen?
Soll ich überhaupt etwas sagen?

Für uns ist diese Selbstkontrolle nicht unbedingt eine schlechte Sache, für unsere Spontaneität jedoch ist sie tödlich. Nur einmal angenommen, die oben formulierten Fragen verliefen tatsächlich in der angegebenen Reihenfolge, dann wäre spätestens bei der vierten Frage der Zug abgefahren und die Chance auf eine geistreiche Bemerkung vertan.

Was also tun? Ein wenig Mut ist tatsächlich erforderlich, und das nötige Selbstvertrauen kann man sich erarbeiten. Die Reaktionen der Mitmenschen spielen dann keine Rolle mehr und es lässt sich leicht nach der Devise der alten Römer leben, die da lautet: »Lieber einen guten Freund verloren als einen guten Spruch verschenkt.« Das Potenzial dazu haben wir alle – in Ausnahmesituationen. Denken Sie etwa an eine erregte Diskussion unter Freunden oder einen leidenschaftlichen Streit mit dem Partner. Da kommt es schon mal vor, dass wir uns vergessen und Worte sagen – schneller als wir denken können –, die wer weiß woher kamen. Bereuen können wir hinterher immer noch! Ob das, was gesagt wird, allerdings immer geistreich ist – darüber lässt sich streiten.

Einen anderen, etwas eleganterer Weg möchte Ihnen dieses Buch vorschlagen. Wäre es nicht toll, wenn man schon vorher wüsste, was hinterher kommt? »Schlagfertigkeit«, so formuliert es der englische Schriftsteller und Sportsmann Charles Caleb Colton, »ist der höchste Grad des Verstandes, denn sie lässt auf die rascheste und kühlste Weise Genius in einem Augenblick sichtbar werden, da die Leidenschaften erhitzt sind.«

Nun, vielleicht ist der Vorschlag nicht ganz sportlich, aber was spricht denn dagegen, ein wenig zu tricksen? Das Zauberwort heißt Vorbereitung. Einerseits kann man sich darauf verlassen, dass bestimmte Gespräche immer und immer wieder nach dem gleichen Muster ablaufen.

Hat man das Schema erst einmal durchschaut, ist es ein Leichtes, schon vorher zu wissen, was folgt – die Vorbereitung ist ein Kinderspiel. Wem das noch nicht sicher genug ist, der kann noch einen Schritt weiter gehen und mit ein paar Kunstgriffen bestimmte Gesprächssituationen herbeiführen. Zugegeben: Es klappt nicht immer.

Wer Meisterschaft erlangen möchte, muss üben, und wer witzig sein möchte, der benötigt Witz, aber die richtige Strategie ist der erste Ansatzpunkt auf dem Weg zur Schlagfertigkeit. Daraus lässt sich dann ein Grundgerüst entwickeln, an dem Sie sich orientieren können. Alles andere ist nur noch eine Frage der Zeit.

Wie sollten Sie »zuschlagen«?

Eine Frage, die Sie sich nicht nur von Fall zu Fall, sondern auch einmal grundsätzlich stellen sollten. Es ist eine ganz persönliche Angelegenheit, mit welcher inneren Einstellung Sie Ihren Mitmenschen begegnen. Prinzipiell gibt es drei Möglichkeiten: Sie sehen sie als Freunde, als Feinde oder Sie wissen nicht genau, wie Sie sie einschätzen sollen.

Genau daraus entsteht auch ein Teil der Unsicherheit, nicht genau zu wissen, was man zu wem in welcher Situation sagen kann und darf. Eine ausgelassene Feier mit den besten Freunden beispielsweise ist etwas ganz anderes als die Gehaltsverhandlung mit dem Chef – ohne zu unterstellen, dass dieser ein feindliches Wesen ist. Deshalb ein gut gemeinter Rat: Wenn Sie »zuschlagen«, dann in erster Linie maßvoll! Es muss ja nicht unbedingt gleich ein Schlag unter die Gürtellinie sein! Schlagfertigkeit wird oft gleichgesetzt mit kleinen Gehässigkeiten und billigen Witzen auf Kosten anderer. Es gehört aber noch viel mehr dazu. Eine Portion Schadenfreude zum Beispiel ...

Aber Spaß beiseite! Am wichtigsten ist die segensreiche Gabe, nicht alles zu ernst zu nehmen und über sich selbst lachen zu können, wenn's mal daneben geht.

Eines sollten Sie bei der Wahl Ihrer Mittel niemals vergessen: Je härter Sie zuschlagen, desto angreifbarer werden Sie, und selbst wenn Sie aufs Schärfste attackiert werden, ist Augenmaß angesagt. Die große Kunst – genau wie bei einigen Kampfsportarten – besteht nämlich darin, den Gegner durch die Wucht seines eigenen Angriffs zu Fall zu bringen, indem man ihn ins Leere laufen lässt. Und ganz nebenbei bemerkt: Nicht jede Äußerung verdient Ihre Aufmerksamkeit. Manchmal ist ein freundliches Lächeln die beste Antwort. Schweigen muss kein Ausdruck von Sprachlosigkeit sein.

Verschiedene Techniken der Schlagfertigkeit

Wer in jeder Lebenslage schlagfertig sein möchte, der benötigt nicht nur ein ausgeprägtes Sprachgefühl und ein schnelles Auffassungsvermögen, sondern darüber hinaus ein großes Spektrum an Techniken, um unberechenbar zu bleiben – oder um mit Jean Paul zu sprechen: »Die Schlange wechselt zwar öfter die Haut, aber nie die nützlichen Giftzähne!« Seien Sie versichert: Je öfter es Ihnen gelingt, das letzte Wort zu behalten, je größer Ihre Fortschritte in Sachen Schlagfertigkeit, desto häufiger werden Sie auch angegriffen.

Ein loses Mundwerk führt nämlich keineswegs dazu, dass Sie überall bewundert werden. Ganz im Gegenteil werden Sie auf unzählige Neider treffen, die es nur darauf abgesehen haben, Ihnen eins auszuwischen, aber seien Sie einmal ehrlich: Ist das nicht überaus menschlich und nachvollziehbar? Verspüren Sie nicht auch gelegentlich das dringende

Bedürfnis, einen dieser ewigen Rechthaber einmal richtig alt aussehen zu lassen? Mit einem Griff in die Trickkiste dürfte Ihnen das spielend gelingen, aber Vorsicht! Ihr Kontrahent könnte ebenfalls vorbereitet sein.

Die mit Abstand am häufigsten verwendete Methode der Schlagfertigkeit sind Wortspielereien aller Art. Eine der einfachsten Techniken besteht wohl darin, einen Satz oder ein einzelnes Wort eines Gesprächs aufzugreifen und darauf zu antworten.

Etwas ausgefeilter ist es schon, einen Begriff aufzugreifen, ihn umzudeuten und erst dann zurückzuwerfen, beispielsweise auf diese Art und Weise: »Für die einen ist es Schlagfertigkeit, für die anderen das zwanghafte Bedürfnis, sich zu profilieren.« Man kennt das aus der Werbung.

Der große Vorteil von Wortspielen: Die Möglichkeiten sind unbegrenzt. Der große Nachteil: Die Möglichkeiten sind unbegrenzt – auch für den Gegner – und um wirklich glänzen zu können, bedarf es einiger Erfahrung im Umgang mit der Sprache.

Es gibt jedoch spezielle, schnell erlernbare Schlagfertigkeitstechniken, die sozusagen im Handumdrehen erlernt und auch angewendet werden können. Die wichtigsten dieser Techniken werden in diesem Buch jeweils gegen Ende eines Themengebietes vorgestellt und kurz erläutert.

Darüber hinaus finden Sie zwischendurch eingestreut auch noch Anregungen für diverse Ausweich- und Ablenkungsmanöver sowie gleich im folgenden Abschnitt ein paar nützliche »Erste-Hilfe-Maßnahmen«, die sich in der Praxis immer wieder bewährt haben.

Sofortmaßnahmen

Manchmal hat man einfach keine andere Wahl. Entgegen anderslautenden Behauptungen gibt es sie sehr wohl, die dummen Fragen und Sprüche, die nicht nur unsere Intelligenz beleidigen, sondern auch – und das ist noch viel schlimmer – einzig und allein darauf abzielen, uns in Bedrängnis zu bringen, uns vor anderen bloßzustellen.

Dazu gehören dumme Anmachsprüche ebenso wie gezielte Nadelstiche durch Arbeitskollegen oder die kleinen und hinterhältigen Erniedrigungen durch den Vorgesetzten. In ganz aussichtslosen Fällen hilft freilich nur noch Hilfe von Dritten oder im Extremfall der Gang vor Gericht, aber oft reicht es schon aus, wenn Sie durchblicken lassen, dass Sie sich wehren können. Es ist durchaus ein legitimes Mittel, die notorischen Sprücheklopfer mit ihren eigenen Waffen zu schlagen, denn manch einer versteht keine andere Sprache ...

Sie sind zwar nicht der Weisheit letzter Schluss, aber dennoch sehr wirkungsvoll, wenn es darum geht, schnell auf Angriffe zu reagieren: die kleinen Worte und kurzen Sätze, die jederzeit ins Gespräch geworfen werden können und immer passen, vor allem dann, wenn einem nichts anderes mehr einfällt.

Sie sollten sich auch nicht zieren, ab und zu Gebrauch davon zu machen. Professionelle Redner und Sprachkünstler tun dies auch. Verfolgen Sie nur einmal eine hitzige Debatte im Parlament – dann sehen Sie schon, was ich meine:

- *Aha!*
- *Applaus!*
- *Bravo!*
- *Hört, hört!*
- *Oho!*
- *Potz Blitz!*
- *Soso!*
- *Wirklich?*

Neben diesen kurzen Wörtern – manche Schlagfertigkeitstrainer sprechen auch von der Zweisilbentechnik – gibt es auch noch Sätze, die niemals ganz verkehrt sind, zum Beispiel:

- *Schade, dass Sie das gesagt haben.*
- *Das haben Sie aber schön gesagt.*
- *Habe ich das richtig verstanden?*
- *Könnten Sie Ihren letzten Satz noch einmal wiederholen?*
- *Sind Sie sicher?*

Diese Standardformulierungen haben alle eine Gemeinsamkeit: Sie sind im Prinzip nichts als leere Worthülsen. Ihre Bedeutung erhalten sie erst durch die entsprechende Betonung.

Sie können mit ihnen zwar nicht sprachlich glänzen, aber Ihrem Gesprächspartner beziehungsweise allen Anwesenden wird zumindest klar, dass Sie auch noch da sind und etwas zu sagen haben.

Weitere Sofortmaßnahmen gegen unfaire Angriffe – Sprüche und Zitate, die bei fast jeder Gelegenheit angewendet werden können – finden Sie im Lexikon der schlagfertigen Sprüche am Ende dieses Buches.

TIPP Prägen Sie sich einige dieser kurzen Ausrufe und Sätze – natürlich sind Ihre eigenen Worte noch besser – ein und werfen sie regelmäßig in die Runde. Es muss ja nicht unbedingt gleich zu Beginn ein Gespräch sein, das Sie selbst führen. Üben Sie vor dem Fernseher – egal, ob bei der Nachrichtensendung oder der Seifenoper.

Schnell werden Sie feststellen, dass diese kurzen Zwischenrufe, vor allem, wenn sie nicht hundertprozentig zur Situation passen, mitunter recht witzig sein können – vielleicht beim Wetterbericht? Für den Notfall sind Sie dann bestens vorbereitet.

Lauter Gemeinheiten

Von klein auf sprachlos

»Das verstehst du noch nicht!«
»Dafür bist du noch zu jung!«
»Ich spreche aus Erfahrung!«

Mit diesen drei einfachen Sätzen, die auf den ersten Blick – wir haben uns ja bereits daran gewöhnt – ganz harmlos erscheinen, beginnt das ganze Dilemma unserer Sprachlosigkeit. Besonders traurig stimmt uns dabei die Tatsache, dass unsere Eltern uns diesen Schlamassel – sie meinten es ja nur gut! – eingebrockt haben.

Anfangs fanden sie es ganz süß, als wir damit anfingen bei jeder Gelegenheit »Warum?« zu fragen. »Aus meinem Kind wird mal ein großer Forscher!«, erzählten Sie stolz in der ganzen Nachbarschaft. »So viel Wissensdurst!« ... Leider war die anfängliche Begeisterung nicht von allzu langer Dauer, und was uns anfänglich als berechtigtes Interesse an den großen Zusammenhängen des Lebens zugute gehalten wurde, war mit einem Schlag zur »Warum-Phase« geworden.

Schade eigentlich, denn damit war uns unsere erste »todsichere« Strategie abhanden gekommen, mit sprachlichen Mitteln die Aufmerksamkeit auf uns zu lenken.

Da dies alles weit vor der Zeit geschah, an die wir uns in ungetrübter Klarheit erinnern, können wir heute nur noch vermuten, dass damals ein Weltbild – eines unserer ersten – in die Brüche gegangen sein muss. Und das hatte Folgen:

Heute, viele Jahre später, geht uns ein Licht auf, wenn wir selbst einmal das Glück haben, uns mit einem Kleinkind unterhalten zu dürfen. In der Regel fällt es uns nicht schwer, sein Interesse in eine bestimmte Richtung zu lenken, aber wehe, uns gehen die Antworten aus ...

Ein einfaches Beispiel gefällig?

Erwachsener: »Guck mal! Da oben fliegt ein Flugzeug.«
Kind: »Warum fliegt das da?«
Erwachsener: »Weil die Leute, die da drin sitzen, verreisen wollen.«
Kind: »Warum wollen die Leute verreisen?«
Erwachsener: »Weil sie in den Urlaub fahren und sich erholen wollen.«

Kind: »Warum?«
Erwachsener: »Weil sie viel gearbeitet haben und jetzt in den Urlaub wollen.«
Kind: »Warum in den Urlaub?«
Erwachsener: »Weil man sich im Urlaub erholen kann.«
Kind: »Warum?«
Erwachsener: »Das verstehst du noch nicht!«
Kind: »Warum?«
Erwachsener: »Naja, ich denke, dafür bist du noch zu jung.«
Kind: »Und warum?«
Erwachsener: »Glaub mir das, ich spreche aus Erfahrung.«

Aus unserer Sicht ist es natürlich ein verständlicher Wunsch, solche Gespräche irgendwann zu beenden, aber ohne etwas davon zu wissen und ohne groß darüber nachzudenken, verwenden wir zu diesem Zweck allzu oft so genannte »Killerphrasen« – ein Phänomen, das auch in den folgenden Kapiteln immer wieder auftauchen wird.

Warum? Ganz einfach: weil die erfolgreiche Abwehr dieser Killerphrasen einen großen Schritt in Richtung Schlagfertigkeit bedeutet.

HINTERGRUND

Als Killerphrasen – auch Totschlagsargumente genannt – bezeichnet man Sätze, die dazu geeignet sind, seinen Gesprächs- oder Diskussionspartner mundtot zu machen. Sie werden sowohl zur Verteidigung als auch zum Angriff eingesetzt und richten sich nicht auf die Sache, sondern zielen darauf ab, das Gegenüber zu verunsichern, einzuschüchtern oder zum Schweigen zu bringen. Killerphrasen auch deshalb, weil sie keinen konstruktiven Beitrag zur Konversation oder zur Lösung eines Problems leisten. Sie begegnen uns täglich im Gespräch mit Arbeitskollegen, Freunden und Bekannten oder in der Partnerschaft, und zwar vor allem dann, wenn jemand seinen Kopf durchsetzen will und keine Sachargumente hat. Nebenbei bemerkt: Wir alle verwenden diese Killerphrasen.

Versetzen Sie sich einmal in die Lage des Kindes im vorangegangenen Dialog. Anfangs ist alles noch in bester Ordnung, bis schließlich der Hammer kommt: »Das verstehst du noch nicht!« (Im Ehekrach wird daraus oft: »Du verstehst mich nicht!«, aber dazu später mehr.) Ein Frontalangriff, der die intellektuellen Fähigkeiten in Frage stellt. Und darauf gleich der nächste Satz: »Dafür bist du noch zu jung.« Das sitzt! Für sein Alter kann schließlich niemand etwas. Der blitzartige Gedanke in diesem Moment: »Wenn ich erst einmal groß bin ...!«

Am Schluss wird es dann richtig unverschämt: »Ich spreche aus Erfahrung.« – »Aber was um Himmels Willen ist Erfahrung? Dieses Wort ist ja völlig unbekannt ...« Und während die Gedanken noch kreisen, hat sich der Gesprächspartner schon aus dem Staub gemacht. Nun sind Kinder aber äußerst einfallsreich – und haben ein erstaunlich gutes Gedächtnis. Schon bei der nächsten Gelegenheit könnten Sie folgende Überraschung erleben:

Erwachsener: »Dafür bist du noch zu jung.«
Kind: »Ich bin schon vier!«

Dieser charmanten Verteidigung muss man einfach erliegen, und es bleibt nichts anderes übrig als ein herzhaftes Lachen, denn erstens rechnen wir nicht mit dieser schlagfertigen Antwort und zweitens geht sie nicht auf unsere Kosten. Es hätte auch schlimmer kommen können:

Erwachsener: »Das verstehst du nicht.«
Kind: »Du bist blöd!«

Weil es wohl in der Natur des Menschen liegt, dass er besser austeilen als einstecken kann, wäre so manchem an dieser Stelle das Lachen vergangen, auch wenn der Gegenschlag keineswegs überzogen ist. Gleiches mit Gleichem!

Wir neigen jedoch dazu, dies nicht zu erkennen. Obwohl die beiden Äußerungen – übrigens beides Killerphrasen – mehr oder weniger den gleichen Inhalt haben, fühlt sich mindestens einer ungerecht behandelt.

Jeder kennt dieses unangenehme Gefühl des aufsteigenden Ärgers, oft der Beginn langjähriger Feindschaften und Quelle leidenschaftlicher Rachegelüste. Langsam reift etwas heran, etwas, das man nicht richtig fassen kann. Bis es schließlich reif ist, sind wir erwachsen geworden und haben längst vergessen, was einst der Auslöser war – und das alles nur, weil wir vor lauter Grübeln versäumt haben, uns Luft zu verschaffen.

Die Schlagfertigkeit, die wir in unserer frühesten Kindheit noch besaßen – auch wenn wir damals noch nicht wussten, was Schlagfertigkeit eigentlich ist –, ist uns abhanden gekommen. Zu dumm auch!

Ein möglicher Weg, sie wieder zu erlangen, führt zurück in die Kindheit. Kinder fragen oft, Kinder fragen viel und Kinder fragen gern, und wenn man es recht überlegt, sind Fragen ein sehr geeignetes Mittel, um am Ball zu bleiben.

Sie lassen sich jederzeit ins Gespräch werfen und verschaffen Zeit. Die Zeit, die wir nutzen können, um uns etwas Passendes zu überlegen, wie folgendes Beispiel anschaulich demonstriert:

Sie befinden sich in einer Besprechung und möchten gerne einen Verbesserungsvorschlag einbringen. Leider haben Sie einen Kollegen, der Sie nicht ausstehen kann und dem nichts wichtiger ist, als Ihnen eins auszuwischen. Verständlich, weil ihm nie etwas Kreatives einfällt. Nachdem Sie also Ihren Vorschlag formuliert haben, fällt er sofort über Sie her:

Kollege: »Ach, der Kollege Meier wieder mit seinen Sonderwünschen!«
Sie: »Warum eigentlich Sonderwünsche?«

Es dürfte ihm schon schwer genug fallen, diese Frage zu beantworten, denn schließlich war ja beabsichtigt, Sie ruhig zu stellen. Vielleicht kommt nun eine dieser Floskeln wie:

Kollege: »Ach, Sie wissen schon!«

Und nun haben Sie die freie Auswahl: Situation entschärfen und gleich zurück zu Ihrem Anliegen – Ihrem Vorschlag, den Sie einbringen wollten – oder lieber doch noch ein kleiner Seitenhieb? Als vorbeugende Maßnahme, sozusagen ...

Sie: »Wer außer Ihnen weiß schon alles?«

TECHNIK: FRAGETECHNIK

Die Fragetechnik ist eine der wirkungsvollsten und zugleich einfachsten Maßnahmen, um sich gegen Angriffe zur Wehr zu setzen. Oft reicht eine einzige Frage aus, um den Angreifer ins Wanken zu bringen, und Sie können leicht und ohne viel nachdenken zu müssen variieren: Warum? Warum eigentlich nicht? Wie meinen Sie das? Worauf wollen Sie hinaus? ...

TIPP Die Fragetechnik lässt sich mit einem einfachen Spiel perfektionieren, das da lautet: »Dinge erklären«. Man benötigt lediglich einen Mitspieler, der Gefallen daran findet. So funktioniert es: Eine Person macht eine beliebige Aussage, wie zum Beispiel: »Rom ist die schönste Stadt der Welt!« oder »Mickey Maus ist doof!« Der Mitspieler versucht nun, diese Aussage zu hinterfragen. Alle Fragen und Antworten – auch unsinnige – sind erlaubt, mit einer Ausnahme: Wer sich wörtlich wiederholt, hat verloren. Sie werden feststellen, dass der Frager weniger Schwierigkeiten hat, die Richtung vorzugeben.

Lehrer sind eh doof – dumme Fragen und nur kluge Antworten

Abwechslung stärkt den Appetit.

Euripides (griechischer Dichter)

Fragen, so viel steht fest, können uns im Leben weiterhelfen, und nicht umsonst heißt es in einem bekannten Kinderlied: »Wer nicht fragt, bleibt dumm.«

Nun gibt es aber Menschen, die sich darauf spezialisiert haben, alle nur denkbaren Fragespiele zu ihren Gunsten zu entscheiden, und jeder von uns ist solchen Menschen schon begegnet: Lehrer! Übrigens nicht nur jene Lehrer, die im Klassenzimmer Tag für Tag ihren Mann stehen.

Fast noch schlimmer sind diejenigen, die sich aus unerfindlichen Gründen dazu berufen fühlen, uns die höheren Weihen der Bildung näher zu bringen.

Gegen Sie kommt man nur sehr schwer an, denn erstens können Sie selbst so lange fragen, bis wir Löcher im Bauch haben, und zweitens sind sie niemals um eine Antwort verlegen, wenn wir einmal einen Vorstoß wagen. Wie war das noch gleich? Damals, in der Schule ...

Schülerin: »Frau Lehrerin, können Sie das bitte noch einmal wiederholen?
Lehrerin: »Dafür haben wir jetzt keine Zeit.«
Schülerin: »Aber ich habe das nicht verstanden.«
Lehrerin: »Das machen wir doch nun schon zum x-ten Mal seit der 5. Klasse.«
Schülerin: »Aber ich habe es trotzdem nicht verstanden.«
Lehrerin: »Na, worum geht es denn genau?«
Schülerin (Hoffnung keimt auf): ».......«

Lehrerin: »Ach so, darauf kommen wir später noch zurück.«
Schülerin: »Aber die Klassenarbeit am Montag ...«
Lehrerin: »Das ist für die Arbeit nicht relevant.«
(Wetten, doch!)
Schülerin: »?????«

Das böse Erwachen kommt dann spätestens mit der schlechten Note, aber Beschwerden sind zwecklos!

Schülerin: »Ich finde es gemein, dass ich eine Vier bekommen habe!«
Lehrerin: »Soll das ein Witz sein?«
Schülerin: »Aber die dritte Frage habe ich nicht verstanden.«
Lehrerin: »Die war doch trivial.«
Schülerin: »Ich wollte ja ...«
Lehrerin: »Das ist jetzt nicht konstruktiv.«
Schülerin: »Sie sind gemein!«
Lehrerin: »Es reicht jetzt!«
Schülerin: »Richtig fies!«
Lehrerin: »Bist du begriffsstutzig? Hast du nicht gehört, was ich gesagt habe?!«

Und wenn sich die Wogen nach ein paar Tagen geglättet haben ...

Lehrerin: »Also das vor ein paar Tagen tut mir Leid, aber du bist doch schon alt genug, um einzusehen ...«
Schülerin (zu Recht misstrauisch): »Na, ja«
Lehrerin: »Vielleicht hast du ja einen Vorschlag, was wir machen könnten, damit du das verstehst?«
Schülerin: »Vielleicht einmal ein Projekt zu diesem Thema?«
Lehrerin: »Wir machen doch andauernd Projekte.«
Schülerin: »Aber ...«
Lehrerin: »Glaub mir auch mal etwas! Du wirst schon noch einsehen ...«

Natürlich ist dieses Gespräch fiktiv – die meisten Schüler lassen sich schneller entmutigen.

Die einzige Hoffnung bleibt der Elternabend, aber wer sich nun der Illusion hingibt, der Vater, seines Zeichens Autohändler und keineswegs auf den Mund gefallen, werde die Sache schon ins Lot rücken, wird leider enttäuscht: »Als Pädagoge muss ich dazu sagen ...« – »???« – »In unserer Schule lässt sich da nichts machen!«

Lässt sich aber doch, denn einen großen Vorteil haben Schüler. Sie haben Zeit. Jahr für Jahr, Woche für

Woche und Tag für Tag haben sie die Gelegenheit, den »Gegner« genau zu beobachten und seine Schwächen zu studieren, um im entscheidenden Augenblick den vernichtenden Schlag anzubringen, der den Feind in die Knie zwingt.

Schülerin: »Können Sie das bitte noch einmal erklären?«
Lehrer: »Also, das ist ganz einfach …«
Schülerin: »Na, ja! So ganz habe ich es immer noch nicht kapiert. Warum ist denn …?«
Lehrer: »Das ist halt so. Wenn du dir das zu Hause noch einmal anschaust, wirst du es bestimmt begreifen.«
Mitschüler: »Sie könnten es doch viel einfacher erklären!«
Lehrer (aufgeschreckt): »Wie?«
Schüler: »So, wie Sie es erklären, ist es viel zu kompliziert!«
Lehrer: »Was?«
Schüler: »Also …« (perfekte Erklärung folgt) »Jetzt kapiert?« (er meint natürlich die Mitschülerin, schaut aber aus Versehen den Lehrer an)
Lehrer: »Ja, glaubst du etwa, ich bin blöd?«
Schüler: »Nein, aber begriffsstutzig!«

Dieses Beispiel, diesmal aus dem wirklichen Leben, sollte allen Ermutigung genug sein, sich zur Wehr zu setzen, denn wirklich hilflos ist man nur, wenn man sich in sein Schicksal fügt. Freundlichkeit nimmt einem potenziellen Gegner schon einmal den Wind aus den Segeln. Hinzu kommt eine einfache Technik:

TECHNIK: SPIEGELTECHNIK

Der ganze Trick besteht darin, den Menschen von einem Moment auf den nächsten einen Spiegel vorzuhalten. Dies fordert in erster Linie eine gute Beobachtungsgabe. Menschen neigen dazu, sich bestimmte Verhaltensmuster anzueignen. Dazu gehören bestimmte Gesten und Rituale, aber auch Sätze, die immer wieder verwendet werden. Da dies meist unbewusst geschieht, ist der Schreck umso größer, wenn man plötzlich das eigene Gesicht erkennt, sprich: die eigenen Sätze aus fremdem Mund hört.

TIPP Die Spiegeltechnik ist leicht zu trainieren. Sie können sicher sein, dass bestimmte Sät[illegible] immer wieder kommen. Sind Sie schließlich [illegible]dig geworden, können Sie die entsprechenden Sätze in verschiedenen Gesprächssituationen trainieren – zunächst nur in Gedanken, ohne sie auszusprechen. Noch einmal zur Erinnerung: Schlagfertig bedeutet nicht, auch tatsächlich zuzuschlagen. Allein das Üben kann mitunter sehr heiter werden. Versuchen Sie doch einmal, die Sätze, die beispielsweise ein TV-Ermittler im nächsten Augenblick dem Tatverdächtigen an den Kopf wirft, vorauszuahnen. So mancher Treffer wird dabei sein. Noch wichtiger ist aber: Sie werden feststellen, dass Ihre Sprüche vielleicht sogar noch besser sind.

»Mir doch egal« oder: die Kunst des Austricksens

Alles ist schwer, bevor es leicht ist.

Thomas Fuller (englischer Historiker)

Es ist eine endlose Geschichte mit Schülern und Lehrern, und keineswegs sind immer nur die Schüler bemitleidenswert. Im Laufe der Zeit stellt sich eine Art

Ausgewogenheit ein, sodass man schon fast von einem natürlichen Gleichgewicht sprechen kann.

Allerdings schlägt das Pendel mal in die eine, mal in die andere Richtung aus, und es wäre unfair, die Dinge nur aus einer Perspektive zu sehen.

Versetzen Sie sich nur einmal in die Lage eines engagierten Streiters für eine gute Sache – aber halt!

Man kennt das ja:

»Das hat keinen Sinn!«
»Das klappt nie!«
»Das interessiert doch sowieso keinen!«
»Versteh' ich sowieso nicht!«
»Hat doch keiner Bock drauf!«

Lehrer müssen immerzu gegen eine Gummiwand anreden, die scheinbar ewig dehnbar ist. Selbst die besten Worte werden einfach geschluckt, und leisten sie sich einmal einen kleinen Ausrutscher, dann wird ein abgeschossener Pfeil mit voller Wucht zurückgeschleudert.

Vielleicht ist es ja so zu erklären, dass die Lehrer-Schüler-Gespräche so ablaufen, wie sie eben ablaufen. Was Ursache und was Wirkung ist – darauf kommt es überhaupt nicht an.

Als schlagfertig kann man diese – schon wieder dieses Wort – Killerphrasen schon bezeichnen, aber an dieser Stelle sei einmal die Frage erlaubt, welche Ziele man damit erreichen kann und vor allem welche Ziele man damit erreichen will.

Dass der Schwächere das Bedürfnis hat, sich zu wehren, ist mehr als verständlich. Wer allerdings in einer überlegenen Position ist, der sollte nach Höherem streben.

Warum nicht einmal die schnelle Zunge nutzen, um Gutes zu tun und die Welt etwas heller und freundlicher zu machen – und das nicht nur als Lehrer!

TECHNIK: ZUSTIMMUNG

Diese Technik ist deshalb so erfolgreich, weil in bestimmten Situationen Zustimmung nicht erwartet wird.
Ihr Gesprächspartner ist garantiert überrascht, und wenn Sie es richtig anstellen, sind seine Ohren sofort geöffnet.

So kann es funktionieren:

Schüler: »Bei mir geht das einfach nicht.«

Lehrer: »Aber natürlich nicht! Was glaubst du, wie lange ich dazu gebraucht habe, das zu verstehen, und intelligenter als ich – na, vielleicht gewinnst du ja!«

Schüler: »Das hat keinen Sinn.«

Lehrer: »Da gebe ich dir Recht! Aber Unsinn kann doch manchmal auch ziemlich spaßig sein!«

Im Gegensatz zu den Schlägen vor die Stirn, die gegebenenfalls natürlich auch vonnöten sein können, handelt es sich hier eher um leichte Schläge gegen den Hinterkopf, die ja bekanntlich das Denkvermögen erhöhen.

Auf der anderen Seite kann Zustimmung auch verwendet werden, um jemanden lächerlich zu machen, nämlich dann, wenn man sie mit Ironie verbindet. Das ist jedoch ein ganz anderes Thema.

»Liebst du mich noch?« Vorsicht Glatteis!

> Es ist ein Vergnügen des Menschen, sich zu verändern.
>
> Bertolt Brecht (deutscher Schriftsteller)

Anders sieht es aus, wenn es darum geht, sich ausgerechnet von seinem Partner verändern zu lassen, oder mit Goethe gesprochen: »Wenn Gott mich anders gewollt hätte, dann hätte er mich anders gemacht.« Typisch Mann! Dabei war ihre Bemerkung doch ganz harmlos.

Ähnlich verhält es sich auf der andern Seite und er versteht die Welt nicht mehr, wenn es aus heiterem Himmel über ihn hereinbricht: »Du liebst mich gar nicht!« Als Antwort auf – nun – gar nichts.

Aber nichts ist nicht unbedingt nichts, und selbst ein Schweigen birgt das Potenzial einer abgrundtiefen Hinterhältigkeit, wenn man es denn so verstehen möchte.

Schlagfertigkeit ist in der Partnerschaft an der Tagesordnung. An manchen Tagen ... Vergessen ist plötzlich die Scheu, die man vor Fremden an den Tag legt; hier fliegen die Fetzen, ein Wort gibt das andere – solange man unter sich ist. Hinzu kommen alle unfairen Mittel, die man sich nur denken kann, wie etwa ihr allgemein gefürchteter Tränenausbruch, sein Wutanfall oder die Szene in der Öffentlichkeit – diese Technik beherrschen beide Geschlechter gleich gut.

Manchmal wundert man sich, dass zwei Menschen nach einem heftigen Streit wieder zueinander finden, und es ist wohl einzig der wunderbaren Macht der Liebe zu verdanken, dass hinterher wieder eitel Sonnenschein herrscht, aber der Schein trügt. Etwas bleibt immer zurück.

Und warum kam es zum Streit? Spielt doch keine Rolle. Oder etwa doch? Ein Vorwand ist leicht gefunden, um sie abzufeuern, die Top Ten der Killerphrasen im Geschlechterkampf:

TOP TEN

Von ihm:

»Ich dachte, damit wären wir durch.«

»Ich dachte, in diesem Punkt wären wir uns einig.«

»Was soll denn das jetzt schon wieder?«

»Das hat doch alles keinen Sinn mehr.«

»Rede ich deutsch oder was?«

»Erspar mir das bitte.«
»Nicht schon wieder!«
»Red du nur!«
»Wenn du meinst.«
»Frauen!«

Von ihr:
»Das ist wieder mal typisch.«
»Das hätte ich von dir nicht erwartet.«
»Liebst du mich noch?«
»Du verstehst mich nicht.«
»Du willst mich einfach nicht verstehen.«
»Du enttäuschst mich maßlos.«
»Du liebst mich gar nicht!«
»Warum gehst du nicht?«
»Vollidiot!«
»Männer!«

Daneben gibt es noch eine Reihe weiterer Sätze, die von beiden Seiten gern verwendet werden.

Übrigens lässt sich immer wieder beobachten, dass bei längeren Beziehungen Überschneidungen festzustellen sind, was die Wahl der Worte betrifft, was wohl darauf zurückzuführen ist, dass ganz instinktiv die Spiegeltechnik angewendet wird. Das

»Du liebst mich gar nicht!« aus seinem Munde erhält dann plötzlich eine ganz neue Dimension. »Aufmerksamkeit und Liebe bedingen einander wechselseitig«, so die Worte des österreichischen Schriftstellers Hugo von Hofmannsthal, aber ob er damit das Phänomen beschreiben wollte, dass die Aufmerksamkeit in Liebesbeziehungen oft einzig darauf gerichtet ist, die Fehler des anderen gnadenlos aufzudecken? Wer weiß?

Da dieses Buch aber keinerlei böse Absichten verfolgt, sei darauf hingewiesen, dass die Schlagfertigkeit kein Nullsummenspiel sein muss und die Liebe schon gleich zweimal nicht.

HINTERGRUND

Als Nullsummenspiele werden Spiele bezeichnet, bei denen der Verlust eines Spielers dem Gewinn des anderen entspricht. Was der eine also verliert, kann der andere auf seiner Habenseite verbuchen.

Dass dies in einer Partnerschaft – und auch bei Freundschaften – nicht so ist, leuchtet sofort ein. Hier können beide Seiten verlieren, und zwar etwas viel

Wichtigeres: den Partner. Auf der anderen Seite kann man aber auch gemeinsam gewinnen, nämlich Spaß und Selbstvertrauen.

Arbeiten Sie an Ihrer Schlagfertigkeit und lernen Sie, bei der Wahl der Mittel Maß zu halten! Dann fällt es Ihnen auch leichter, Ihre Wünsche und Vorstellungen an den Mann beziehungsweise an die Frau zu bringen, ohne den anderen dabei schwer zu verletzen.

Eine weitere Schlagfertigkeitsregel lautet: Wer sich in den anderen hineinversetzen kann, wird nicht so leicht auf dem falschen Fuß erwischt. Er kann deshalb schneller und vor allem angemessen reagieren.

TECHNIK: ÜBERTREIBUNG

Die Übertreibungstechnik treibt, wie der Name schon verrät, die Dinge auf die Spitze. Wörter werden überdeutlich betont, Sätze ausgeschmückt, die Lautstärke wird gehoben oder gesenkt und hinzukommen noch eindeutige Gesten.

Die Perfektionierung dieser Technik erfordert allerdings sehr viel Übung.

TECHNIK: REDUKTION

Verwandt mit der Übertreibungstechnik ist die Reduktionstechnik. Auch hier werden die Dinge überspitzt, allerdings dadurch, dass man sie verkürzt. Wichtige Inhalte werden einfach weggelassen, Sätze verstümmelt.
Das Ergebnis bleibt jedoch das gleiche: Ihr Gegenüber ist mindestens eine Schrecksekunde lang verwirrt.

TIPP Ein kleines Spiel für zwei Spieler, das beide Techniken miteinander verbindet: Prägen Sie sich die zwei Top-Ten-Listen der Killerphrasen gut ein oder denken Sie sich weitere Kommunikationstöter aus.
Dann beginnen Sie damit, sich diese gegenseitig an den Kopf zu werfen. Schmücken Sie aus, verkürzen Sie, übertreiben Sie, variieren Sie in Ton und Lautstärke.

Sätze dürfen auch wiederholt werden. Wichtig: Es darf dabei nicht um irgendwelche Inhalte gehen. Das Spiel ist gewonnen, wenn beide lachen.

Und wenn es doch einmal nötig werden sollte, dem Partner einen verbalen Seitenhieb zu versetzen und mit einem schlagfertigen Spruch zu glänzen ... Hier drei todsichere Tipps:

Für sie:

1. Wählen Sie den richtigen Zeitpunkt! Ideal ist während der Sportschau oder vor dem Einschlafen: »Schatz, ich muss mit dir reden!«
2. Fordern Sie seinen Intellekt heraus! Zwingen Sie ihn zum Nachdenken, sodass er keine Chance hat, den üblichen Weg einzuschlagen.
3. Bereiten Sie einen Spruch vor, mit dem er niemals gerechnet hätte, am besten zum Thema Fußball oder rund ums Auto.

Für ihn:

1. Wählen Sie den richtigen Zeitpunkt! Ideal ist nach dem Einkaufen, nach dem Telefonat mit ihrer Mutter oder bevor die Freundinnen zu Besuch kommen.
2. Seien Sie nett und machen Sie ihr ein Kompliment. Damit rechnet Sie niemals!
3. Machen Sie ein weiteres Kompliment und laden Sie sie zum Essen ein. Übertreiben Sie nicht, denn sonst wird sie misstrauisch.

Die Kunst, Recht zu behalten

Argumentieren

> Beim Duett sind stets zu sehn:
> zwei Mäuler, welche offen stehn.
>
> Wilhelm Busch (deutscher Dichter)

Wenn nicht Sie es sein wollen, der am Ende allein mit offenem Mund da steht, weil die Worte fehlen, sollten Sie den folgenden Seiten besondere Aufmerksamkeit widmen. Unter Argumentieren versteht man im Allgemeinen den Austausch von Argumenten, um am Ende ein Problem zu lösen, das vorher im Raum stand bzw. bei Meinungsverschiedenheiten zu einem Kompromiss zu gelangen.

Wenn auch Sie bisher dieser Meinung waren, dann sollten Sie schleunigst umdenken, denn meistens ist auch der Austausch von Argumenten nichts anderes als der Versuch, am Ende doch Recht zu behalten.

Wie sich das bewerkstelligen lässt, beschreibt Arthur Schopenhauer in seinem Büchlein über die Rhetorik »Eristische Dialektik oder die Kunst, Recht zu behalten«.

Die Lektüre sei Ihnen hiermit wärmstens empfohlen, und nicht zuletzt aufgrund der zahlreichen nützlichen Hinweise und Tipps, die es dort zu finden gibt, ist dieses Kapitel dem großen Philosophen gewidmet.

Schlagfertigkeit hat auch etwas mit Wissen zu tun, zumindest mit dem Wissen um die Tricks der Gegenseite, denn wer den Kontrahenten durchschaut, tut sich leichter, ihn auszukontern.

Hier finden Sie deshalb zunächst einige Fakten und Vorurteile im Überblick:

1. Argumentation hat etwas mit Logik zu tun.
Dies trifft nur bedingt zu. Allein die Form des Arguments muss logisch sein oder zumindest den Eindruck erwecken, keinen schlüssigen Widerspruch zu dulden. Inhalte spielen demnach, wenn überhaupt, nur eine untergeordnete Rolle.

2. Ein Argument soll überzeugen.
Richtig! Einige Kommunikationsforscher sehen darin sogar die eigentliche Funktion des Argumentierens, wenn überhaupt. Die Argumentation ist folglich der Vorgang des nachhaltigen Überzeugens.

3. Die Überzeugungsarbeit geschieht durch ein richtiges beziehungsweise gutes Argument.
Auch das ist nur bedingt richtig, denn zu Recht wurde darauf hingewiesen, dass es dazu eines vernünftigen Argumentationspartners bedarf. Seien Sie einmal ehrlich! Wann sind Sie schon einmal einem vernünftigen Menschen begegnet, der Ihnen nicht zugestimmt hätte?

4. Ein Argument dient dazu, eine aufgestellte Behauptung zu untermauern beziehungsweise zu verteidigen.
Dies ist richtig, bedeutet aber gleichzeitig, dass Sie nur wirkungsvoll argumentieren können, wenn sich jemand findet, der Ihre Behauptung anzweifelt.

Für Ihre Schlagfertigkeit ist es also nur von begrenztem Nutzen, wenn Sie sich inhaltlich vorbereiten, bevor Sie die Höhle des Löwen betreten, denn selbst wenn Sie die sachlich besseren Argumente haben, kann es Ihnen leicht passieren, dass Sie am Ende dumm und mit leeren Händen dastehen, getreu dem alten Juristenmotto: Recht haben und Recht bekommen, das sind drei völlig unterschiedliche Dinge.

Vor allem dann, wenn Sie es mit einem professionellen Wortakrobaten oder einem Experten in Sachen Überzeugungskunst zu tun bekommen. Ersterer wird Ihnen die Worte im Munde verdrehen, Letzterer wird Sie ins Leere laufen lassen, und wenn das Schicksal es ganz hart mit Ihnen meint, dann begegnen Sie einem Politiker, der beide Techniken beherrscht und darüber hinaus noch einige mehr. Wenn Sie herausfinden wollen, wie so ein Gespräch ablaufen kann, dann besuchen Sie doch mal die Bürgersprechstunde Ihres Bundestagsabgeordneten:

Abgeordneter: »Guten Tag Frau ...?«
Frau Schmidt: »Schmidt!«
Abgeordneter: »Frau Schmidt, was kann ich für Sie tun?«
Frau Schmidt: »Ich möchte gern mal mit Ihnen über ... sprechen. Sie müssen unbedingt ...!«
Abgeordneter: »Ich kann Sie gut verstehen, Frau Schmidt, und Sie haben natürlich vollkommen Recht. Sehen Sie ... Und deshalb haben wir auch ... Übrigens stehen Sie mit Ihrer Meinung nicht allein. Kein Geringerer als ... hat einmal gesagt: ... Deshalb hat es sich unsere Partei auch zur Aufgabe gemacht, ... und wir fühlen uns geradezu verpflichtet ...«
Frau Schmidt: »???«
Abgeordneter: »Und deshalb ist es auch ganz

wichtig, dass wir ... Und dazu brauchen wir genau so engagierte Bürgerinnen und Bürger wie Sie, Frau Schmidt. Ich verspreche Ihnen, ... und wir werden nicht eher ruhen, bis wir dieses Ziel auch erreicht haben. Da können Sie mich ruhig beim Wort nehmen.«

Frau Schmidt (denkt sich): »Das klingt zumindest nicht schlecht!«

Abgeordneter: »Sehen Sie, Frau Schmidt, ... War übrigens nett, mit Ihnen zu plaudern. Kommen Sie doch wieder mal vorbei. Meine Tür steht jederzeit für Sie offen.«

Frau Schmidt: »Auf Wiedersehen.«

Abgeordneter: »Hat mich gefreut, Frau Schmidt, (lachend) Ich kann doch auf Ihre Stimme zählen! Machen Sie's gut und schönen Tag auch!«

Zugegeben, diese Nuss ist hart zu knacken, aber immerhin ärgert man sich hinterher nicht allzu sehr, denn man hat schließlich das befriedigende Gefühl, verstanden worden zu sein, selbst dann, wenn man hinterher mit einer neuen Meinung nach Hause geht.

Dennoch: Es stecken ganz einfache Tricks hinter dieser Überzeugungskunst, die auch Sie verwenden können, nicht zuletzt die bereits besprochene Zustimmungstechnik, die nicht nur Killerphrasen, sondern jeden beliebigen Angriff und auch jedes Argument ins Leere laufen lässt. Wenn es Ihnen aber zusätzlich noch darum geht, Ihre Meinung zu vertreten, dann ist noch ein weiterer Trick nötig.

TECHNIK: BELIEBIGE SCHLUSSFOLGERUNGEN

Hinterhältig, aber oft zu bestaunen und meistens wirkungsvoll: Aus jeder Aussage lässt sich eine beliebige Schlussfolgerung ziehen – ein Argument hat, wie gesagt, nicht unbedingt etwas mit Logik zu tun. Das Einzige, was Sie kennen müssen, sind die nützlichen Formulierungen.

Hier einige Beispiele:
»Wenn Sie sagen, dass (Aussage des Gegners wiederholen), dann folgt daraus, dass ...«
»Ich stimme Ihnen zu, dass ..., und das heißt ...«
»Sie haben Recht, und deshalb müssen wir ...«
»Ganz richtig, und das liegt daran, dass ...«
ıs haben Sie richtig erkannt, aber das heißt ichzeitig auch, dass ...«

TIPP Auch die Zustimmungstechnik können Sie mit einem einfachen Spiel einüben. Ein Spieler macht eine beliebige Aussage wie etwa: »Das Wetter ist heute aber schlecht!« Ein anderer Spieler stimmt zu und ergänzt diese Aussage, zum Beispiel: »Da hast du ganz Recht, und das liegt nur daran, dass heute ein Feiertag ist.« Der nächste Spieler fährt fort: »Richtig, aber man darf auch nicht vergessen, dass der Schnee auch seine angenehmen Seiten hat.« So kann es beliebig weiter gehen.

Die Erkenntnis daraus: Erstens kann man alles so hindrehen, wie man möchte, und zweitens gelingt es auf diese Art mühelos, die Initiative in einem Gespräch zu ergreifen oder zumindest nicht ins Hintertreffen zu geraten.

Diskutieren

> Sprich leise und höflich, aber trage stets einen dicken Knüppel bei dir.
>
> Theodore Roosevelt (US-amerikanischer Präsident)

Ähnlich wie beim Argumentieren geht es auch beim Diskutieren darum, seine Meinung zu vertreten. Nun ja, werden Sie vielleicht bemerken, worin besteht eigentlich der Unterschied zwischen Diskussion und Argumentation? Im Grunde genommen argumentiert man in vielen verschiedenen Situationen, und nur eine davon ist die Diskussion. Im Mittelpunkt der Betrachtung soll hier eine bestimmte Form der Diskussion stehen, nämlich die, an der mehr als zwei Personen beteiligt sind.

Bei der Diskussion ist es so, dass der direkt Angesprochene nicht unbedingt auch der Empfänger sein muss, denn abgesehen davon, dass er möglicherweise sowieso nicht richtig zuhört, kann es viel reizvoller sein, einem Kontrahenten (mit einer entgegengesetzten Meinung) Paroli zu bieten, um einen Dritten zu überzeugen.

Ein anschauliches Beispiel sind Talkrunden im Fernsehen, bei denen sich Redeprofis duellieren. Sie haben es gewiss nicht darauf abgesehen, ihre Diskussionsgegner zu bekehren – das wagen selbst sie nicht einmal zu träumen.

Es kommt einzig und allein darauf an, wie wir Zuschauer die Diskussion beurteilen. Wer ist der Gewinner, wer der Verlierer? So einfach ist das. Der Gewinner gewinnt Ansehen, der Verlierer verliert nicht selten sein Gesicht und – bei politischen Auseinandersetzungen – Wählerstimmen.

Wer sich in Diskussionen durchsetzen will, der muss schlagfertig sein, und was er vor allem benötigt, ist ein gutes Gefühl fürs richtige Timing in doppelter Hinsicht:

1. In welcher Situation schlage ich zu?
2. An welcher Stelle des Gespräches/der Diskussion schlage ich zu?

So lauten die entscheidenden Fragen. Die Antwort auf Frage eins muss heißen: Wenn es sich lohnt!

Um noch einmal auf unseren Politiker zurückzukommen: Es wäre verschwendete Energie, im persönlichen Gespräch Contra zu geben.

Beherzigen Sie die Worte von Napoleon Bonaparte: »Du darfst nicht zu oft mit einem Feinde kämpfen; denn sonst lehrst du ihn deine gesamte Kriegskunst.«

Wirkungsvoller sind die Schläge, wenn sie vor Zeugen stattfinden. Sie kennen bestimmt auch Leute in Ihrem Bekanntenkreis, die am Ende immer Recht haben.

Nur zu! An ihnen können Sie ausprobieren, ob die Tipps in diesem Buch auch tatsächlich etwas wert sind. Zuerst aber sollten Sie noch wissen, an welcher Stelle man wie zuschlagen kann. Grundsätzlich gilt: Je später der Schlag erfolgt, desto wirkungsvoller ist er. Ein frühzeitiger Schlag ist einfacher, kann aber leichter gekontert werden.

TECHNIK: EINSPRUCHTECHNIK

Der Ablauf dürfte Ihnen aus zahlreichen amerikanischen Gerichtsserien geläufig sein. Verteidiger oder Staatsanwalt rufen laut »Einspruch«, um die Ausführungen der Gegenseite zu unterbrechen. Der Einspruch muss jeweils begründet werden. Diese Art, ein Gespräch zu unterbrechen, ist im deutschsprachigen Raum noch etwas gewöhnungsbedürftig. Hier wird eher wild durcheinander geredet, sodass der Zuschauer oft kein Wort mehr versteht. Die Einspruchtechnik setzt voraus, dass Sie den Worten des Sprechers genau folgen und dort einhaken, wo Sie etwas anzumerken haben – nicht jedermanns Sache und daher nur zu empfehlen, wenn Sie sich absolut sicher sind.

TECHNIK: KONTERTECHNIK

Wesentlich einfacher ist die Kontertechnik, die sich überdies hervorragend eignet, um andere Schlagfertigkeitstechniken zu kontern, sogar die Zustimmungstechnik. Man lässt den Gegner ausreden, setzt dann aber nicht am Ende seiner Ausführungen an, sondern am Anfang. Der große Vorteil ist, dass man sich nicht auf komplizierte Inhalte konzentrieren muss, sondern einzig und allein auf bestimmte Signalwörter und Sätze achten kann.

Beispiele für die Kontertechnik:

»Ich bin ganz Ihrer Meinung. ...«

Mögliche Konter:

»Schade, dass Sie nicht richtig zugehört Eigentlich sagte ich ja ...«

»Hört sich gut an, was Sie da sagen, aber so hatte ich das nicht gemeint.«

Eher ungeeignet:

»Ja, aber...« Das verrät Ihre Emotionen und macht Sie angreifbar.

Beispiele für die Einspruchtechnik:

Ausführung:

» ... und kein Geringerer als Goethe hat einmal gesagt: Dem Mann kann geholfen werden!«

Einspruch:

»Einspruch! Erstens war das nicht Goethe, sondern Schiller, zweitens hat er gesagt: »dem Manne« und drittens hat nicht er es gesagt, sondern Franz Moor in den ›Räubern‹. Schiller hat es höchstens geschrieben.«

Sehr rechthaberisch, finden Sie nicht?

Ausführung:

»Es ist doch so, dass heute schlechtes Wetter ist, und deshalb müssen wir alle unsere Regenschirme mitnehmen.«

Einspruchsmöglichkeiten:

»Einspruch! Es ist zwar so, dass heute schlechtes Wetter ist, aber das heißt doch eher, dass wir zu Hause bleiben sollten!«

»Einspruch! Nur weil es regnet, muss doch nicht gleich das Wetter schlecht sein. Es ist alles eine Frage der Perspektive.«

Und so kann es beliebig hin und her gehen, Angriff folgt auf Angriff, Konter auf Konter, aber das Wichtigste ist, dass Sie sich nicht überfahren lassen müssen, sei der Gesprächspartner auch noch so wortgewandt.

TIPP Um die verschiedenen Techniken und die jeweiligen Anwendungsmöglichkeiten besser zu erkennen, empfiehlt es sich, gelegentlich Diskussionsrunden im Fernsehen zu verfolgen. Vielleicht entdecken Sie ja die ein oder andere Technik wieder und lernen neue dazu.

Nur als Hinweis: Eine Abwandlung der Einspruchstechnik ist die Formulierung: »Ich muss aufs Schärfste protestieren!«

Streiten

> Es geht nicht darum, Recht zu haben,
> sondern Recht zu behalten.
>
> Juristenmotto

Immer! Um jeden Preis! Irgendwann stellt man dann fest, dass man keine Freunde mehr hat, weil sich niemand mehr dazu bereit erklärt, sich immer in die Pfanne hauen zu lassen.

Gekommen ist die Zeit, um vor dem falschen Gebrauch der Schlagfertigkeitstechniken zu warnen. Immer wieder war davon die Rede, dass sich jede Aussage angreifen, jeder Spruch kontern, jedes Wort verdrehen lässt.

Daneben haben Sie jederzeit auch noch die Möglichkeit, persönlich zu werden. Letztens, während eines Streitgesprächs unter Freunden, nachdem der Ball schon eine ganze Weile hin und her gespielt wurde:

A: »Ich habe jetzt schon so oft gesagt, dass ...«
B: »Das ist ja genau dein Problem, dass du immer alles wiederholst. Dadurch wird es nicht richtiger!«
A: »So eine Unverschämtheit! Ich finde, das reicht jetzt!«

B: »Wenn du das findest, dann solltest du vielleicht noch mal an einer anderen Stelle suchen!«
A: »Jetzt ist endgültig Schluss!!!«
B: »Endgültigkeit! Ein großes Wort gelassen ausgesprochen. Respekt!«
A: »Schluss, aus, ich will dich nicht mehr sehen!«
B: »Dann zieh halt deine Brille ab!«
A: »Ich gehe jetzt.«
B: »Reisende soll man nicht aufhalten!«

Und sie sahen sich nie wieder. Der Grund ist nicht etwa die »Worte-neu-ausleg-und-umdreh-Technik«, die es in Wirklichkeit auch gar nicht gibt – man sagt Sprachgefühl dazu! Vielmehr handelt es sich um reine Respektlosigkeit, wobei der Schuldige nicht von vornherein feststeht. Eines ist aber klar: Der Stärkere trägt immer etwas mehr Verantwortung.

Deshalb hier auch die eindrückliche Warnung. Werden Sie niemals überheblich. Selbst wenn Sie sich absolut sicher fühlen, sollten Sie eines bedenken: Wenn Sie Ihrem Gegenüber einen Ausweg anbieten, eine Möglichkeit, sein Gesicht zu wahren, dann passen Sie auf, dass Sie Ihres dabei nicht verlieren, denn nur ein Moment der Unachtsamkeit kann dazu führen, dass Sie einen saftigen Tiefschlag bekommen. Es gibt nämlich noch ein paar Tricks aus der untersten Schublade, die man auf den ersten Blick oft nicht erkennt.

Dies sind beispielsweise der »Auf-die-Tränendrüse-drücken-Trick«, der »Jammer-Jammer-Trick« oder auch der »Beleidigte-Leberwurst-Trick«. Wenn Sie also Zugeständnisse machen, was von Zeit zu Zeit durchaus notwendig ist, dann lieber in der Sache als persönlich. Vermeiden Sie Dinge wie: »Ja, da habe ich mich getäuscht!«, wenn Sie wissen, dass Sie eigentlich Recht hatten. Einen Irrtum eingestehen, den man eingesehen hat, spricht dagegen für wahre Größe.

TECHNIK: ÜBERSETZUNGSTECHNIK

Die Übersetzungs- oder Interpretationstechnik bietet einen weiten Spielraum, verlangt aber eine schnelle Auffassungsgabe und den sicheren Umgang mit der Sprache und ihren Doppeldeutigkeiten. Ein einzelnes Wort oder der Inhalt einer Aussage werden aufgegriffen und im eigenen Sinne übersetzt beziehungsweise interpretiert. Mit der Übersetzungstechnik kann man – wie im vorangegangenen Streitgespräch – sein Gegenüber bis aufs Äußerste provozieren. Auf der anderen Seite kann man eine Streitsituation aber auch gekonnt entschärfen.

Beispiel:

Ein Nordlicht und ein Bayer geraten beim gemeinsamen Spaziergang in Schwaben in einen heftigen Streit, als plötzlich ein Hase über die Wiese hoppelt.
Nordlicht: »Ach, sieh mal an! Das war doch bestimmt einer von euren berühmten Wolpertingern.«
Bayer: »Hier? Niemals!«
Nordlicht: »Na, der wird sich wohl verirrt haben!«
Bayer: »Der Einzige, der sich hier irrt, bist du. Was stellst du dir denn unter einem Wolpertinger vor?«
Nordlicht: »Eine grüne Wiese, zum Beispiel.«

Zur Erklärung:

Der Wolpertinger wohnt ausschließlich in Bayern und lebende Exemplare sind äußerst selten zu finden. Ob sie sich lieber im Wald verstecken oder über saftige Wiesen hoppeln, konnte nie zweifelsfrei geklärt werden.

TIPP Eine einfache Form der Übersetzung besteht darin, mit einfachen Sätzen einzuleiten:

A: »Ich bin ziemlich sauer.«
B: »Willst du damit sagen, dass du zu viele Zitronen gegessen hast?«
Oder:
A: »Ich bin ziemlich sauer.«
B: »Ziemlich sauer? Das bedeutet doch, dass noch eine kleine Chance besteht, die Dinge wieder ins Lot zu rücken.«

Eine besondere Form der Übersetzungstechnik spielt mit den Mehrdeutigkeiten der Sprache. Schließlich können alle Dinge aus mehreren Perspektiven betrachtet werden, und so bietet jeder Begriff die Möglichkeit zur Umdeutung – ins Positive wie ins Negative. Ein einfaches Beispiel:

A: »Sie sind aber geistig unbeweglich! In unseren Tagen ist Flexibilität gefordert!«
B: »Was Sie flexibel nennen, ist doch in Wahrheit nichts anderes als Ihre Unentschlossenheit. Ich weiß, was ich will, auf meine Beständigkeit ist wenigstens Verlass.«

Verhandeln

Aber hier, wie überhaupt,
kommt es anders, als man glaubt.
Wilhelm Busch (deutscher Dichter)

Zweifellos ist es ziemlich leicht, Gleiches mit Gleichem zurückzuzahlen, Stichwort: Kommunikationstöter. Wenn Sie jedoch ein bestimmtes Ziel erreichen wollen, kann das ziemlich hinderlich sein, zum Beispiel in einer Gehaltsverhandlung.

Selbstverständlich haben Sie im Vorfeld sorgfältig Ihr Gewissen überprüft, und es besteht nicht der leiseste Zweifel, dass Sie mehr verdienen, als Sie bisher bekommen. Darum nehmen Sie auch allen Mut zusammen und bitten Ihren Chef um ein Gespräch. In den meisten Fällen laufen solche Gespräche sehr sachlich und daher auch problemlos ab. Am Ende bekommen Sie Ihre Gehaltserhöhung – oder eben nicht.

Im ersten Fall sind Sie glücklich, sollte es nicht klappen, bekommen Sie wenigstens einen Korb, mit dem Sie leben können. Es kann aber auch anders kommen ...

Beispiel: Ihr Chef will nicht mit Ihnen sprechen:
»Ich habe es gerade eilig!«

»Keine Zeit!«
»Jetzt nicht!«
»Später!«
»Vielleicht ein andermal!«

Es kann schon einmal vorkommen, dass jemand keine Zeit hat, aber allzu oft sollten Sie sich nicht so abspeisen lassen, denn von Mal zu Mal verschlechtert sich Ihre Position. Wenn Sie durchblicken lassen, dass Sie sich nicht durchsetzen können, heißt es beim nächsten Mal vielleicht schon:

»Sie schon wieder!«

In diesem Augenblick sind Ihre Erfolgsaussichten am absoluten Nullpunkt angelangt: Eiseskälte bricht aus, die Drohkulisse steht.

Deshalb am besten gleich bei der ersten Absage einen konkreten Termin geben lassen. Wenn das nicht klappt, bestehen Sie darauf, dass es wichtig ist.

Nehmen Sie nun an, Sie haben Stufe zwei erreicht: einen Termin bekommen, aber Ihr Chef hat eine ablehnende Haltung gegenüber Ihren Vorstellungen. Auch das ist noch kein Beinbruch, solange die Begründung einleuchtend ist. Auf keinen Fall sollten

Sie sich Folgendes bieten lassen:

»Das können wir uns nicht leisten!«
»Wissen Sie, wie viel Geld das ist?«
»Sie sind ja verrückt geworden!«
»Ich bin mir nicht sicher, ob Sie das verdient haben.«

Versuchen Sie hier, das Gespräch auf eine sachliche Ebene zurückzubringen. Angemessen sind etwa:

»Ich weiß, dass es viel Geld ist, aber ich bringe auch die entsprechende Leistung.«
»Dann würde ich Sie bitten, mir einen Vorschlag zu unterbreiten.«

Eher unangebracht sind Antworten wie:

Chef: »Das können wir uns nicht leisten!«
Angestellter: »Ich weiß sehr wohl, dass Sie sich das leisten können. Ich arbeite in der Buchhaltung und kenne Ihre Schwarzkonten.«

Chef: »Wissen Sie, wie viel Geld das ist?«
Angestellter: »Im Vergleich zu dem, was Ihre Yacht gekostet hat, ein Trinkgeld!«

Chef: »Sie sind ja verrückt geworden!«

Angestellter: »Kein Wunder in diesem Käfig voller Narren!«

Chef: »Ich bin mir nicht sicher, ob Sie das verdient haben.«
Angestellter: »Bescheidenheit ist eine Zier, doch weiter kommt man ohne ihr.«

Damit haben Sie zwar gekonnt zurückgeschlagen, aber wenn Ihr Boss kein Freund geistreicher Spitzen ist, sind Ihre Chancen ziemlich mager. Na ja, vielleicht haben Sie ja auch Glück.

Ein absolutes Tabu jedoch bei allen angeführten Beispielen ist der Satz: »Eigentlich haben Sie Recht!« Dies wäre eine Missinterpretation der Zustimmungstechnik. Pfui!

TECHNIK: FEDERTECHNIK

Die Äußerung der Gegenseite wird aufgegriffen und sinngemäß wiederholt, bevor die Antwort erfolgt. Eventuelle Spitzen werden gedämpft oder abgefedert, um das Gespräch auf eine sachliche Ebene zurückzubringen. Die Federtechnik kann andere Techniken wie Zustimmungstechnik oder Spiegeltechnik enthalten. Anders als bei der Übersetzungstechnik wird jedoch darauf verzichtet, Äußerungen des Gesprächspartners umzudeuten.

Beispiel:

Chef: »Sie spinnen wohl! Sie wissen wohl nicht, wie viel Geld 500 Euro sind.«

Angestellter: »Ich stimme Ihnen zu, dass das eine ganze Menge Geld ist. Trotzdem würde ich Sie bitten, sachlich zu bleiben.«

Allzeit bereit – schlagfertig auf gesellschaftlichem Parkett

»Schönes Wetter heute« oder: die Tücken des Smalltalks

> Der Mann ist so beschaffen, dass er dem vernünftigsten Argument eines Mannes widersteht, aber dem unvernünftigsten Blick einer Frau erliegt.
>
> Honoré de Balzac (französicher Schriftsteller)

Verlassen wir nun die Gemeinheiten und den Ernst des Lebens, wenden wir uns den angenehmen Dingen zu, die sich mit einer flinken Zunge bewerkstelligen lassen. Das Problem: Langeweile, die Lösung: Verzweifeln!
Was bleibt auch anderes übrig, wenn man mal wieder in ein Gespräch verwickelt wird, das so viel versprechend beginnt:

A: »Schönes Wetter heute!«

Was bleibt da noch zu sagen?

B: »Oh ja, ein wunderschöner Tag. Wir hatten ja auch schon die ganze Woche schönes Wetter. Aber ich habe gehört, dass es am Freitag einen Wetterumschwung geben soll. Schade eigentlich, ich wollte mich in die Sonne legen ...«

A: »Wissen Sie eigentlich, wie so ein Hochdruckgebiet entsteht? Mein Onkel ist Meteorologe, und der hat mir erklärt ...«

Eine halbe Stunde später ...

A: »Wenn wir gerade dabei sind: Was machen Sie eigentlich beruflich?«

B: »Ich bin Arzt.«

A: »Ach, das ist ja interessant. Da haben Sie bestimmt einen aufregenden – oder soll ich sagen einen aufreibenden? – Job. Man hört ja in letzter Zeit immer häufiger ...«

Eine weitere halbe Stunde ist vergangen ...

A: »Und dann die Sache mit dem Kassenbetrug. Dazu würde ich gern mal Ihre Meinung hören.«

B: »Also, das ist nicht so, wie Sie sich das vorstellen! (Wenn Sie Bescheid wissen, sollten Sie jetzt besser den Mund halten!)«

A: »Wissen Sie, ich bin ja Kfz-Mechaniker. Da macht man sich natürlich so seine Gedanken ...«

Redegewandtheit kann durchaus eine natürliche Begabung sein, aber es gehört auch viel Praxis dazu. Jawohl, Herr Doktor! Hätten Sie sich lieber einmal vorbereitet, dann wären Sie nicht dermaßen überfahren worden.

Dabei hatte der Mann noch richtiges Glück, denn es hätte auch noch viel härter kommen können. Stellen Sie sich eine ähnliche Begegnung einmal unter anderen Vorzeichen vor.

Diesmal trifft unser netter Herr Doktor statt des redseligen Mechanikers die hübsche Frau Süß, die ihm auf den ersten Blick sympathisch ist. Er würde gern mit ihr ins Gespräch kommen, ganz ohne Hintergedanken – zunächst.

Sein Herz macht Freudensprünge, seine Hände werden feucht und die Knie weich, als sie tatsächlich auf ihn zukommt.

Und weil sie nicht gleich mit der Tür ins Haus fallen will, beginnt auch sie:

Frau Süß: »Schönes Wetter heute!«

Herr Doktor Schlau, nennen wir ihn ruhig einmal beim Namen, ist begeistert, denn weil er die Situation ja bereits kennt, stellt er sich im Geiste schon darauf ein, die nächste Stunde in angenehmster Begleitung zu verbringen. Sich seiner Sache sicher greift er auf Altbewährtes zurück:

Dr. Schlau: »Oh ja, ein wunderschöner Tag. Wir hatten ja auch schon die ganze Woche schönes Wetter. Aber ich habe gehört, dass es am Freitag einen Wetterumschwung geben soll.«

Womit er nicht gerechnet hätte ...

Frau Süß: »Sagen Sie mal, was sind Sie denn für ein Miesepeter? Können Sie nicht einfach den schönen Tag genießen? Schade! Sie sahen eigentlich ganz nett aus.«

Nun steht er da und langweilt sich für den Rest des Tages – vom Ärger und den Selbstvorwürfen ganz zu schweigen.

Wie gesagt, man kann sich vorbereiten, und wenn man es genau nimmt, bereiten wir uns alle vor – ein Leben lang. Es müssen ja nicht unbedingt immer die Standardformulierungen sein, die wir ohnehin tagtäglich verwenden. Bei gesellschaftlichen Anlässen, sei es die Betriebsfeier oder die Hochzeit der besten Freundin, gibt es Themen, die immer wieder angesprochen werden.

Sie variieren zwar, je nachdem, wie gut sich die Gäste kennen, aber immer dann, wenn man auf einen Fremden trifft, sind »die üblichen Verdächtigen« meist dabei, die da heißen: »Schönes Wetter heute« und »Was machen Sie eigentlich beruflich?«. Bei Geburtstagen sind Geschichten rund ums Geburtstagskind angesagt und bei der Betriebsfeier – na, der Beruf, das Firmenleben, der übliche Klatsch und Tratsch über den Chef und die Kollegen.

Das ist zwar eine Möglichkeit, die Zeit über die Runden zu bringen, um hinterher sagen zu können, wie toll doch die Party war. Es ist aber nicht immer wirklich prickelnd. Wie also der Langeweile vorbeugen?

TECHNIK: ABLENKUNG

Die Ablenkungstechnik wird eingesetzt, um die Initiative zu ergreifen und ein Gespräch in die gewünschte Richtung zu lenken. Man geht dabei nur bedingt auf den ersten Satz des Gesprächspartners ein und baut sofort eine Brücke zum eigenen Thema.

Beispiel:
Eines der passendsten Beispiele ist die bekannte Geschichte des Biologiestudenten Wurm, der sich für sein Examen sehr einseitig vorbereitet hat. Sein Thema: die Würmer. Was auch sonst! Nun kommt es, wie es kommen muss. Der Professor stellt ihm folgende Frage: »Herr Wurm, unser heutiges Prüfungsthema ist die Botanik. Fangen Sie doch mal an zu erzählen.«
Student Wurm: »Die Botanik! Die Botanik ist die Lehre der Pflanzen. Da gibt es Gräser, Blumen und es gibt auch Bäume. Dabei unterscheidet man zwischen Nadel- und Laubbäumen. Zu den Laubbäumen gehört zum Beispiel auch der Apfelbaum. Der Apfelbaum hat Äste, Zweige und Blätter. Und natürlich Äpfel. Äpfel haben Würmer. Die Würmer: ...«

Man kann jede beliebige Brücke bauen, immer und ausnahmslos. Wenn es aber auch etwas bringen soll, muss man wissen, wie es danach weiter geht. Ganz ohne Vorbereitung geht es also nicht.

HINTERGRUND

Auch das Brückenbauen lässt sich – wie so viele Dinge im Leben – in spielerischer Form einüben.

Deshalb hier noch einmal ein wertvoller Rat, der in jedem Fall hilft, schlagfertiger zu werden: Spielen Sie, spielen Sie, spielen Sie! Zum Beispiel: Assoziationsketten, und das geht so: Der erste Spieler denkt sich einen Begriff aus, zum Beispiel: »Ich denke an einen Baum.« Der nächste Spieler muss sich nun einfallen lassen, was er mit einem Baum in Verbindung bringt: »Bei einem Baum denke ich an Blätter.« Und so geht es immer weiter.

Besonders sind immer die Begriffe, die mehrere Bedeutungen haben, weil hier die Reihe eine ganz unerwartete Richtung einschlagen kann, beispielsweise: »Bei Blättern denke ich ans Schreiben.« – »Bei schreiben denke ich an die Schule.« – »Bei Schule denke ich an die Ferien.«

Der Sinn dieses Spiels besteht übrigens nicht darin, möglichst originell zu sein, sondern viel eher möglichst spontan.

TIPP Bereiten Sie doch einmal eine interessante Geschichte, einen Witz, einen guten Spruch oder ein interessantes Thema vor, mit dem Sie glänzen wollen. Dies könnte beispielsweise ein Fantasieberuf sein, den Sie angeblich ausüben, zum Beispiel Schneckenzähler.

Charmant verblüfft

Ähnliches wird von Ähnlichem ergriffen.

Erasmus von Rotterdam (niederländischer Humanist)

Nachdem Sie dank glänzender Vorbereitung ein Feuerwerk der guten Laune entfacht haben und mit Sprüchen wie »Lieber die Taube auf dem Dach als den Drachen im Haus!« (mit etwas Glück ist es Ihnen gelungen, jemanden zu dem Spruch mit dem Spatz und der Taube zu provozieren) zum Mittelpunkt der Gesellschaft geworden sind, geht es ans Eingemachte. Sie werden auf einmal gewahr, dass die nette Frau Süß, die vorher schon mit Herrn Dr. Schlau ihre Enttäuschung des Tages erlebt hat, schüchterne Blicke in Ihre Richtung wirft. Was Sie nicht wissen, aber mit sicherem Instinkt erahnen: Wenn es etwas gibt, das Frau Süß noch weniger mag als Miesepeter – es tut ihr inzwischen schon fast ein wenig Leid, dass sie so schroff war –, dann sind das notorische Sprücheklopfer. Nachdem Sie sich eine Weile gegenseitig angelächelt haben – hier eine kurze Zäsur ...

HINTERGRUND

55 Prozent Körpersprache, 38 Prozent Stimme und nur 7 Prozent Inhalt, so die Erkenntnisse der Psychologie bezüglich der Frage: »Woran liegt es, dass man den einen Gesprächspartner sympathisch findet, den anderen nicht?« Da fragt man sich: Wozu überhaupt das ganze Gerede um die Schlagfertigkeit? Oder aber man sagt sich: Was wissen die Psychologen schon vom wilden Leben auf der Hochzeitsfeier meiner Freundin? Sehen wir es positiv! Zum einen sollte man wenigstens versuchen, die 7 Prozent zu nutzen. Auf der anderen Seite hat man im Gespräch nicht viel zu verlieren, denn wenn man erst einmal Kontakt aufgenommen hat, muss schon eine gewisse Grundlage vorhanden sein. Man flirtet schließlich nicht mit jedem!

Sie sind also wie auch immer ins Gespräch gekommen, finden sich sympathisch, aber irgendwie gerät die Konversation ins Stocken. Da hilft nur eins: Locker bleiben!

TECHNIK: SPRACHLOSIGKEIT ANSPRECHEN

Zur Wiederholung: Es wäre falsch verstanden, die Schlagfertigkeit auf die Fähigkeit zu reduzieren, mit frechen Sprüchen zu glänzen. Vielmehr verhindert sie nur, dass Sie mit offenem Mund dastehen müssen, wenn Ihnen nichts Geistreiches mehr einfällt.

Man darf getrost aussprechen, dass einem die Worte fehlen. Man gewinnt Zeit und zumeist geht es anschließend nahtlos weiter.

»Jetzt bin ich sprachlos.«
»Jetzt habe ich doch glatt vergessen, was ich sagen wollte.«
»Tut mir Leid, jetzt habe ich doch tatsächlich den Faden verloren.«
»Da machen Sie mich aber sprachlos.«

Diese und ähnliche Sätze können Sie nicht nur vor den unangenehmen Momenten bewahren, in denen Sie jemandem gegenüberstehen und Ihnen plötzlich die Worte ausgehen. Sie können damit sogar etwas kokettieren. Wenn Sie nicht zu dick auftragen, wird Ihnen dies in der Regel nicht übel genommen – ganz im Gegenteil: Zusammen mit einem Lächeln kann das der Beginn einer charmanten Unterhaltung sein ...

Die Party – der gesellschaftliche Schlagabtausch

> Denn wie ihr wisst, war Sicherheit
> des Menschen Erbfeind jederzeit.
>
> William Shakespeare (englischer Dichter)

Wie jeder weiß, geht es auf Partys nicht immer so friedlich zu. Nicht immer ist die Lage so entspannt wie kurz vor dem Flirt, vor dem Essen, vor – der Party.

Die Tücken lauern überall, und darum sollte man sich niemals in Sicherheit wähnen, auch wenn alles ganz harmlos aussieht ...

Sie stehen ganz entspannt an der Salatbar, vertieft in ein Gespräch mit diesem unverschämt gut aussehenden Typ. Die Überwindung ihn anzusprechen war groß, aber die Belohnung noch viel größer. Er ist zwar etwas schüchtern, aber soooo süß und dann auch noch charmant.

Und prompt bemerken Sie in Ihren Augenwinkeln eine alte »Schulfreundin«, an die Sie nur die »allerbesten« Erinnerungen haben: Sie hat Sie damals immer so liebevoll »Pickelliese« genannt.

Hier ist Gefahr im Verzug! Entweder will sie Ihnen den Typen abspenstig machen oder – weiter brauchen Sie eigentlich nicht zu denken. Das reicht doch schon! Gute Freundinnen erkennen Sie daran, dass sie die Lage sofort erfassen und sich fern halten.

Übrigens kennen Männer das Problem der so genannten Trittbrettfahrer ebenfalls, und deshalb gelten die folgenden Abwehrtechniken für beide Geschlechter gleichermaßen. Was Sie in jedem Falle nicht tun sollten: Geben Sie niemals die Initiative aus der Hand!

TECHNIK: ERSTSCHLAG

Grundvoraussetzung für einen erfolgreichen Erstschlag ist die Höflichkeit. Halten Sie es mit dem berühmten Strategen Niccolò Machiavelli: »Man darf nie seine Absicht zeigen, sondern man muss vorher mit allen Mitteln sein Ziel zu erreichen suchen.« Also lächeln Sie und seien Sie freundlich! Dann haben Sie mehrere Möglichkeiten zur Auswahl.

1. Durch die Blume um Verständnis bitten, dass Sie nicht gestört werden möchten. Könnte zum Beispiel so formuliert werden: »So eine Überraschung, dich zu sehen. Wir müssen uns unbedingt mal treffen, damit wir in Ruhe quatschen können.«

2. Durch die Blume – schon etwas deutlicher – drohen, vielleicht: »Also das ist ein Zufall! Weißt du, wen ich letzte Woche erst getroffen habe? Deinen Exfreund.«

3. Freundlich bleiben, die Situation w
Auge behalten und die üblichen Hö

ten austauschen. Die Kontrolle behalten Sie, indem Sie selbst die Gesprächsführung übernehmen. Stellen Sie kurze Fragen, die auch kurz zu beantworten sind, und vergessen Sie nicht, Ihren Gesprächspartner von vorher – Sie wissen schon! Der nette Mann, der im Moment etwas hilflos wirkt – mit ins Gespräch einzubinden.

Je mehr Selbstvertrauen Sie haben, desto eher werden Sie bereit sein, sich auf die dritte Variante einzulassen, denn wer wirklich souverän ist, der lässt sich nicht so schnell aus dem Gleichgewicht bringen. Und wer weiß! Vielleicht steckte ja hinter dem plötzlichen Überfall eine ehrenwerte Absicht.

Vielleicht wollte Ihnen nur jemand zur Seite eilen, der die Situation falsch eingeschätzt hat und Sie in Wahrheit vor unverschämten Zudringlichkeiten beschützen wollte.

Man(n) kennt sie ja, die dummen Anmachsprüche, die alle mehr oder weniger einfältig sind und zu allem Überfluss meist recht plump vorgetragen werden:

»Glaubst du an Liebe auf den ersten Blick oder soll ich noch mal reinkommen?«
»Bist du eine Außerirdische? So etwas wie dich gibt es doch gar nicht auf der Erde.«
»Ich hoffe, du hast dir nicht wehgetan, als du vom Himmel gefallen bist.«

Diese Sprüche gibt es in unvorstellbar großer Zahl, und für besonders einfallsreich halten sich jene, die mit einer Frage beginnen und eine Gegenfrage erwarten. So etwas kann ein Buch, das die Fragetechnik als Mittel der Schlagfertigkeit propagiert, natürlich nicht auf sich sitzen lassen. Tappen Sie nicht in diese Falle!

Beispiel:
»Entschuldigung, aber hast du vielleicht eine Landkarte?«
Erwartet wird: *»Warum?«*
»Ich habe mich gerade in deinen Augen verloren.«

Bei diesen Fallen ist die Art der Antwort nahezu bedeutungslos:
»Entschuldigung, aber hast du vielleicht eine Landkarte?«

»Nein!« (übersetzt: Hau ab und lass mich in Ruhe!«)
»Schade! Ich habe mich nämlich gerade in deinen Augen verloren.«

Manchmal ist es das Beste, dumme Bemerkungen – ob es nun die plumpe Anmache oder das »Schief-von-der-Seite- Anreden« ist – schlichtweg zu ignorieren. Ein freundliches Lächeln und eine unmissverständliche Geste dazu.

Es gibt aber Menschen, die diese Sprache nicht verstehen. Leider! Ganz im Gegenteil fühlen sie sich besonders angespornt weiter zu machen, wenn man sie nicht energisch abwehrt.

TECHNIK: NACHHALTIGE IGNORANZ

Die Technik der nachhaltigen Ignoranz heißt deshalb so, weil heutzutage anscheinend alles nachhaltig sein muss. Der ganze Trick: Wählen Sie sich ein beliebiges Zitat, das Sie für den Notfall parat haben. Das Zitat ist wirklich beliebig! Wenn Sie jemanden abwehren wollen, dann zitieren Sie! Es spielt keine Rolle, ob der Spruch passt oder nicht. Sie stiften so viel Verwirrung, dass Sie Zeit zum Rückzug haben. Oder aber Ihr Gegenüber ist so schlagfertig, dass Sie es sich im nächsten Augenblick anders überlegen und ins Gespräch einsteigen.

TIPP Wenn jemand nach Ihrem Lieblingszitat noch nachfragt: »Was hast du gesagt?« (auf ein höfliches und distanziertes »Sie« brauchen Sie nicht zu spekulieren!), hier noch ein Notfallspruch: »Ich führe Selbstgespräche. Scheint mir interessanter als eine Unterhaltung mit Ihnen.«

Vorsicht Falle!

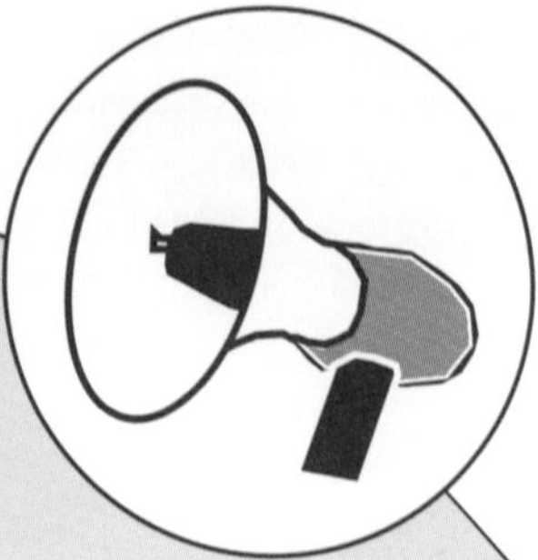

Frechheit siegt

> Der Unverstand ist die unbesiegbarste Macht auf der Erde.
>
> Anselm Feuerbach (deutscher Philosoph)

Wer lässt sich schon gerne in eine Falle locken? Doch wohl niemand! Und Ihnen würde das auch niemals passieren, weil Sie entweder von Natur aus eher vorsichtig sind oder aber so schlau, dass Sie sofort durchschauen, wenn jemand Sie ganz clever hinters Licht führen will.

Manche Fallen sind aber so klug aufgebaut, dass sie nicht so ohne weiteres durchschaut werden können. Wie wäre es denn damit, selbst einmal zum Fallensteller zu werden? Nur so zur Prävention oder einfach zum Spaß.

Bisher ging es in diesem Buch hauptsächlich darum, mit Hilfe der Schlagfertigkeit Angriffe abzuwehren. Dieses Kapitel beschäftigt sich nun vor allem mit der Frage: Triumphiert die Höflichkeit oder trägt die Frechheit den Sieg beim Wortgefecht und verbalen Schlagabtausch davon?

Auf den ersten Blick ist es die Frechheit, denn scheinbar setzen sich immer die frechen Menschen durch, die auch vor kleinen Bösartigkeiten nicht zurückschrecken, sei es, weil sie keine Hemmungen kennen, sei es, weil sie es für ihr Ego brauchen, oder sei es, weil sie müssen – berufsbedingt.

Folgende Situation verdeutlicht, wie Frechheit auf höflich freche Art ausgekontert werden kann. Ein Mann sitzt im Lokal und raucht genüsslich seine Zigarette. Wenige Augenblicke später wird am Nachbartisch das Essen serviert, und die Dame, die ihm schon die ganze Zeit böse Blicke zugeworfen hat, platzt aus heiterem Himmel heraus: »Entschuldigen Sie, aber stört es Sie, wenn ich esse, während Sie rauchen?«

Der Raucher, der nur auf diese provokante Frage gewartet hat, antwortet sehr höflich: »Aber keineswegs meine Dame! Solange Sie nicht zu laut mit Ihrem Gebiss klappern.«

Die Wiederholungsfalle

Die Wiederholungsfalle muss man oftmals gar nicht stellen, weil man von ganz allein hineintappt. Jeder kennt doch diese kleinen Ärgernisse, in die wir ohne eigenes Verschulden immer und immer wieder geraten: der Drängler an der Supermarktkasse, der Bus, der uns vor der Nase wegfährt, der Strafzettel im verkehrsberuhigten Bereich.

Auf manche Dinge kann man sich leicht vorbereiten, weil sie immer eins zu eins nach demselben Schema ablaufen, oder kennen Sie etwa unerwartete Abwandlungen des Satzes: »Verkehrskontrolle! Ihren Führerschein und Ihre Fahrzeugpapiere, bitte!«?

Unbedingt vermeiden sollten Sie in diesem konkreten Fall Sätze wie:

»Meinen Führerschein habe ich doch schon letzte Woche abgegeben.« (ist übrigens auch schon ziemlich abgedroschen ...)
»Können Sie denn schon lesen?«
»Zum Glück ist die Dummheit auf dieser Welt gerecht verteilt!«
»Guten Tag auch!«
»Finden Sie es nicht auch ungerecht, dass Sie von dem ganzen Geld nichts abbekommen?«
»40 Euro? Abgemacht, der Wagen gehört Ihnen.«

Das kann richtig teuer werden, und deshalb sollte man Alternativen zur Hand haben. Neben den Sprüchen, die zumindest als Beleidigungen aufgefasst werden können – meist sogar zu Recht – gibt es im Prinzip unendlich viele Sprüche, Zitate und Bonmots, aus denen Ihnen niemand so leicht einen juristischen Strick drehen kann. Eine Auswahl finden Sie im letzten Kapitel.

TECHNIK: ZITATE

Der Trick besteht darin, seinen Gesprächspartner zu verwirren. Wenn er nicht versteht, was Sie sagen, müssen Sie ihm nicht mehr explizit sagen, dass er der Dumme ist – er merkt es. Gesteigert wird die Wirkung noch, wenn man den Urheber nennt: »Sie wissen ja: Schon Goethe sagte: ...«

Manchmal muss man bei der Wiederholungsfalle aber etwas nachhelfen. Vielleicht erinnern Sie sich an den hinterhältigen Kollegen aus dem zweiten Kapitel, der Ihnen immer dazwischenfunkt, wenn Sie Ihre Verbesserungsvorschläge einbringen wollen. Sie wissen zwar, dass er Sie immer attackiert, aber immerhin ist er so einfallsreich, dass er nicht durchblicken lässt, wie er es tut ...

TECHNIK: ZITATE OHNE URHEBERNENNUNG

Suchen Sie sich zunächst einen »klugen Kopf«, den Sie immer wieder zitieren. Im entscheidenden Moment bringen Sie dann ein Zitat, ohne den Urheber zu nennen. Sagen Sie nur: »Ein kluger Kopf hat einmal gesagt: ...«

Beispiel: Sie haben jenen Kollegen mit Goethe bereits zur Weißglut gebracht, und bei der nächsten Besprechung ergibt sich folgende Gelegenheit, nachdem Sie Ihre Vorschläge unterbreitet haben.

Kollege: »Aber Sie wissen doch, dass das nicht geht!«
Sie: »Warum eigentlich nicht?«
Kollege: »Das hatten wir doch alles schon einmal!«
Sie: »Ein kluger Kopf hat einmal gesagt: ›Ähnlichkeit ist die Identität der Qualitäten.‹«
Kollege: »Sie immer mit Ihrem Goethe!« (Sie können sich beinahe schon darauf verlassen, dass etwas in dieser Richtung kommen wird!)
Sie: »Irrtum: Das war Immanuel Kant.«

Lexikon der schlagfertigen Sprüche

Jederzeit gut gewappnet

Nachdem Sie nun einiges über Hintergründe und Schlagfertigkeitstechnik erfahren haben, erwarten Sie in diesem abschließenden Kapitel Sprüche und Zitate, die Ihrer Schlagfertigkeit die nötige Würze verleihen.

Damit Sie sich schnell und leicht zurechtfinden, vorab noch ein paar Worte zum Aufbau des Lexikons: Es ist unterteilt in zwölf Abschnitte, ausgewählte Lebenssituationen, in die jeder Mensch immer wieder hinein gerät.

Sei es die Konfrontation mit Vorwürfen aller Art, die Begegnung mit ewigen Besserwissern und Rechthabern oder einfach nur die heitere Runde, in der Sie auch einmal glänzen wollen – hier werden Sie unter Garantie fündig.

Die Zitate selbst sind nach bewährter Tradition alphabetisch nach Stichworten gegliedert. Eine kurze Anleitung mit Musterbeispiel – so wirft man Zitate ins Gespräch – finden Sie jeweils zu Beginn der einzelnen Themengebiete.

Beides – sowohl die Zuordnung der Zitate zu den einzelnen Abschnitten als auch die Musterbeispiele – soll Ihnen lediglich als Leitfaden und erste Orientierungshilfe dienen. Wenn Sie sich eingehender mit der Materie beschäftigen, werden Sie nämlich schnell feststellen, dass es den richtigen Spruch für die richtige Situation nicht gibt, dafür aber Zitate, die beinahe immer passen. Man muss sie nur passend machen.

Deshalb an dieser Stelle noch ein Tipp, bevor es zur Sache geht: Es kann verführerisch einfach wirken, sich in die geschilderten Situationen hinein zu versetzen. Das richtige Zitat ist schnell zur Hand und alles klingt sehr plausibel.

Ganz so einfach ist es im richtigen Leben leider nicht. Es kann Ihnen nämlich passieren, dass Sie – wenn Sie schließlich in eine ähnliche Situation geraten – in Ihrem Gedächtnis nach dem richtigen Zitat suchen und suchen, und wenn Sie es schließlich gefunden haben, ist es schon wieder zu spät.

Um die Effektivität der Zitattechnik zu steigern, sollten Sie sich deshalb die Zeit nehmen, etwas zu schmökern. Lesen Sie sich die Sprüche in Ruhe durch, suchen Sie sich jene aus, die Ihnen am besten gefallen und überlegen Sie sich, wenn Sie gerade einmal Zeit haben, in welchen Situationen man sie verwenden könnte.

Ein Beispielzitat:
Jeder Mensch ist so alt wie seine Zunge und etwas älter als seine Zähne.

Aus den USA

Situation 1:
Jemand wirft Ihnen Ihre Unerfahrenheit vor.

Einschüchterungsversuch: »Was wissen Sie denn schon? Kommen Sie erst einmal in mein Alter!«
Antwort: »Jeder Mensch ist so alt wie seine Zunge und etwas älter als seine Zähne.«

Situation 2:
Jemand macht sich lustig über Ihr Alter.

Seitenhieb: »Ja, ja, die Alten! Müssen immer meinen, sie haben Recht.«
Antwort: »Jeder Mensch ist so alt wie seine Zunge und etwas älter als seine Zähne.«

Situation 3:
Sie begegnen einem Besserwisser, der Ihnen die Welt erklären will.

Bemerkung: »Hören Sie! Es ist doch so, dass jeder Mensch gewisse Grundbedürfnisse hat.«
Antwort: »Jeder Mensch ist so alt wie seine Zunge und etwas älter als seine Zähne.«

Situation 4:
Sie befinden sich auf einem Festessen und haben sich an einem zu großen Stück Fleisch verschluckt. Durch Ihren Hustenanfall haben Sie alle Blicke auf sich gezogen.
Ihre Entschuldigung: »Ich muss mich entschuldigen, aber Sie wissen ja: Jeder Mensch ist so alt wie seine Zunge und etwas älter als seine Zähne.«

Denkbar sind noch beliebig viele weitere Situationen, in denen Sie dasselbe Sprichwort verwenden können. Es ändert sich nur die Wirkung.

In den ersten beiden Situationen wird die Antwort wohl als Retourkutsche verstanden werden – so war sie auch gemeint.

Ihre Entschuldigung beim Festessen wird vermutlich sehr wohlwollend aufgenommen, vielleicht wird sogar gelacht. In jedem Fall verbessern Sie Ihre Lage und vermeiden einen unangenehmen Moment betroffenen Schweigens.

Was der Besserwisser mit Ihrer Antwort anfängt, ist nicht ganz klar. Möglicherweise fühlt er sich persönlich angegriffen, vielleicht ist er aber auch nur verwirrt und weiß den Spruch nicht richtig einzuordnen. Nun denn! Das ist schließlich nicht Ihr Problem. Sie müssen sich doch nicht auch noch den Kopf anderer Menschen zerbrechen. Es reicht Ihr eigener.

Kluge Antworten auf dumme Vorwürfe

Man kann uns ja viel vorwerfen: Unsere Jugend und Unerfahrenheit ebenso wie unser Alter, und die Erfahrung zeigt, dass sich immer jemand findet, der dies auch tatsächlich tut. Mit Sachlichkeit hat dies nicht viel zu tun.

Ganz im Gegenteil: Solche gemeinen Attacken sind sehr persönlich und zielen direkt auf einzelne Charaktereigenschaften. Besonders hart trifft es uns, wenn wir in den tiefsten Gründen unseres Herzens feststellen, dass ein Vorwurf ansatzweise berechtigt sein könnte. Das heißt aber noch nicht, dass wir das auch zugeben müssen. Mit einer schlagfertigen Antwort bekommt man die Lage schnell in den Griff, und das Allerbeste: Man kann sich mühelos vorbereiten, denn man kennt schließlich seine Pappenheimer und weiß, von welcher Seite man was zu erwarten hat.

MUSTERBEISPIEL

Sie befinden sich in einem anregenden Streitgespräch. Dank Ihrer Schlagfertigkeit sind Sie nie um eine Antwort verlegen, was Ihren Gesprächspartner schon an den Rand der Verzweiflung gebracht hat. Schließlich gibt er es auf, in der Sache mit Ihnen zu streiten und geht dazu über, Sie persönlich anzugreifen.

Vorwurf: »Es macht doch überhaupt keinen Sinn, sich mit Ihnen zu unterhalten. Sie sind ein elender Besserwisser, und unerträglich arrogant.«

Antwort: »Niveau sieht von unten betrachtet immer wie Arroganz aus.«

Natürlich stünden Ihnen auch noch andere Zitate zur Verfügung. Ihre Wahl hängt nur davon ab, welche Wirkung Sie erzielen möchten. Denken Sie daran: Was immer man Ihnen auch vorwirft, eine Kontermöglichkeit besteht immer.

Alter

Kein Weiser hat sich je gewünscht, jünger zu sein.

Jonathan Swift (irischer Schriftsteller)

Arroganz

Niveau sieht von unten betrachtet immer wie Arroganz aus.

Spruchweisheit

Benehmen

Fast alle Menschen, die etwas taugen, haben schlechte Manieren.

Giacomo Leopardi (italienischer Dichter)

Bösartigkeit

So fühlt man Absicht, und man ist verstimmt.

Johann Wolfgang von Goethe (deutscher Dichter)

Dummheit

Der Charakter eines Menschen wohnt nicht im Intellekt, sondern im Herzen.

Leopold Jacoby (deutscher Lyriker)

Egoismus

Egoismus ist Drang zum Dasein und Wohlsein.

Arthur Schopenhauer (deutscher Philosoph)

Faulheit

Um es sich bequem zu machen,
sollte man niemals zu faul sein.

Deutsches Sprichwort

Gedankenlosigkeit

Auch das Denken schadet bisweilen
der Gesundheit.

Aristoteles (griechischer Philosoph)

Geiz

Geizhälse sind die Plage ihrer Zeitgenossen,
aber das Entzücken ihrer Erben.

Theodor Fontane (deutscher Dichter)

Geschmacklosigkeit

Ich habe einen ganz einfachen Geschmack:
Ich bin immer mit dem Besten zufrieden.

Oscar Wilde (irischer Dichter)

Geschwätzigkeit

Mit jedem Wort wachsen wir.

Christian Morgenstern (deutscher Schriftsteller)

Ignoranz

Die Vernunft ist des Herzens größte Feindin.

Giacomo Casanova
(italienischer Frauenheld und Schriftsteller)

Indiskretion

Fragen sind niemals indiskret; nur Antworten sind es bisweilen.

Oscar Wilde (irischer Dichter)

Inkonsequenz

Inkonsequenz nennen wir die Flexibilität unserer Mitmenschen.

Mildred Scheel (deutsche Ärztin und First Lady)

Intoleranz

Toleranz ist gut,
aber nicht gegenüber den Intoleranten.

Wilhelm Busch (deutscher Dichter)

Kleinlichkeit

Kleinigkeiten sind es, die Perfektion ausmachen, aber Perfektion ist alles andere als eine Kleinigkeit.

Sir Frederick Henry Royce
(englischer Automobilhersteller, Rolls-Royce)

Kompromisslosigkeit

Gesunde Kompromisse
machen aus Konflikten
chronische Krankheiten.

Johann Wolfgang von Goethe (deutscher Dichter)

Langsamkeit

Es gibt Wichtigeres im Leben,
als beständig dessen Geschwindigkeit
zu erhöhen.

Mahatma Gandhi (indischer Pazifist)

Launenhaftigkeit

Variatio delectat!
(Abwechslung erfreut!)

Lateinisches Sprichwort

Leichtsinn

Der Leichtsinn ist ein Schwimmgürtel
für den Strom des Lebens.

Ludwig Börne (deutscher Schriftsteller)

Naivität

Die Sehnsucht ist es, die unsere Seele nährt,
und nicht die Erfüllung.

Arthur Schnitzler (österreichischer Schriftsteller)

Neugier

Wenn die Neugier sich auf ernsthafte Dinge richtet, dann nennt man sie Wissensdrang.

Marie von Ebner-Eschenbach
(österreichische Schriftstellerin)

Oberflächlichkeit

Ich spreche gerne von nichts; das ist das Einzige, wovon ich wirklich etwas verstehe.

Oscar Wilde (irischer Dichter)

Opportunismus

Die meisten Menschen versäumen die günstige Gelegenheit, weil sie im Overall kommt und nach Arbeit aussieht.

Thomas Alva Edison (US-amerikanischer Erfinder)

Realitätsferne

Je weiter ein Ideal entfernt ist,
desto schöner ist es.

John Galsworthy (englischer Schriftsteller)

Schlampigkeit

Da steh ich schon,
des Chaos vielgeliebter Sohn.

Johann Wolfgang von Goethe (deutscher Dichter)

Schüchternheit

Ein Reh ohne Scheu ist ohne Anmut.

Deutsches Sprichwort

Sturheit

Das sind auch nicht immer
die schlechtesten Menschen,
die störrisch sind.

Immanuel Kant (deutscher Philosoph)

Unbekümmertheit

Heute sorget ihr für morgen,
morgen für die Ewigkeit.
Ich will heut' für heute sorgen,
morgen ist für morgen Zeit.

Franz Grillparzer (österreichischer Schriftsteller)

Unbelehrbarkeit

Hat man Charakter, so hat man
auch sein typisches Erlebnis,
das immer wieder kommt.

Friedrich Nietzsche (deutscher Philosoph)

Unerfahrenheit

Man muss jung sein, um große Dinge zu tun.

Johann Wolfgang von Goethe (deutscher Dichter)

Verlogenheit

Von einer Frau, die gefallen soll, kann man nicht auch noch erwarten, dass sie ehrlich ist.

Marie von Ebner-Eschenbach
(österreichische Schriftstellerin)

Verschwiegenheit

Wer zu schweigen weiß, weiß gegebenenfalls auch zu reden.

Niccolò Tommaseo (italienischer Schriftsteller)

Wankelmütigkeit

Beschuldige niemand der Wankelmütigkeit, weil er sich zu seinem Vorteil verändert hat.

Marcus Tullius Cicero (römischer Philosoph und Redner)

Sofortmaßnahmen gegen unfaire Angriffe

Manche Menschen haben es allem Anschein nach nur darauf abgesehen, sich auf Kosten anderer zu profilieren. Da es unter diesen unangenehmen Zeitgenossen wahre Spezialisten gibt, die nur auf einen günstigen Moment warten, um ihren wehrlosen Opfern unter die Gürtellinie zu schlagen, sollte man für den Fall der Fälle gerüstet sein. Aber aufgepasst! Man muss jederzeit damit rechnen, dass auf eine schnelle Antwort unmittelbar der nächste Schlag folgt. Die Motivation dahinter ist einfach zu durchschauen: Es geht darum, Angst zu machen, einzuschüchtern, mit den eigenen Muskeln zu spielen, und das nur, weil ... – na ja, verstehen kann man das eigentlich nicht. Wehren muss man sich!

Und wer ein besonders ausgeprägtes Gerechtigkeitsgefühl besitzt, der sollte nicht zögern, auch alle anderen zu verteidigen, gegen die sich solche Tiefschläge richten. Besonders geeignet sind Sprüche, die immer passen. Klingt gut? Ist es auch! Sie haben die freie Wahl.

MUSTERBEISPIEL

Einer Ihrer Kollegen tut sich dadurch hervor, dass er eine junge Auszubildende aufgrund Ihres Nachnamens hin und wieder mit recht billigen Sprüchen auf ihre Kosten piesackt. Zu allem Überfluss findet er das auch noch besonders witzig.

Kollege: »Na, Frau Scheuch, Sie sehen heute

Morgen ja wieder ziemlich aufgescheucht aus. Sie kennen doch das Sprichwort: ›In der Ruhe liegt die Kraft.‹«
Frau Scheuch: »Warum sind Sie eigentlich immer so gemein zu mir?«
Kollege: »Aber ich meine es doch nur gut mit Ihnen. Schon Nietzsche sagte: ›Was uns nicht umbringt, macht uns hart!‹«
Retter in der Not: »Nietzsche sagte aber auch, dass die guten Absichten, die Sie vorgeben, keineswegs Ihr böses Verhalten entschuldigen.«

Es spielt übrigens keine Rolle, dass dieses Zitat nicht unbedingt Friedrich Nietzsche zugeordnet werden kann. Er könnte es aber immerhin gesagt haben.

Absicht

Gute Absichten entschuldigen nicht
böses Verhalten.

Volksweisheit

Anstand

Mache einen anständigen Menschen aus dir,
und du kannst sicher sein, dass ein Schuft
weniger auf der Welt ist.

Thomas Carlyle (schottischer Philosoph)

Ärger

Wenn Ärger im Menschen ist,
so macht er selten das Klügste,
sondern gewöhnlich das Dümmste.

Jeremias Gotthelf (Schweizer Schriftsteller)

Beleidigung

Verunglimpfungen sind für den,
der sie ausspricht, schimpflicher als für den,
dem sie gelten.

Plutarch von Chäronea (griechischer Philosoph)

Benehmen

Gute Manieren haben heißt, Distanz halten.

George Bernard Shaw (irischer Schriftsteller)

Distanz

Achtung ist größer aus der Entfernung.

Cornelius Tacitus (römischer Geschichtsschreiber)

Drohung

Wir können durch Liebe und Wohlwollen
fraglos leicht bestochen werden,
vielleicht zu leicht, aber ausgerechnet
durch Drohungen ganz gewiss nicht.

Otto Graf von Bismarck (deutscher Kanzler)

Fehler

Der Edle sucht die Ursache eines Misslingens
in sich selbst,
der Durchschnittsmensch in anderen.

Konfuzius (chinesischer Philosoph)

Gemeinheit

Er wirft den Kopf zurück und spricht:
»Wohin ich blicke, Lump und Wicht!«
Doch in den Spiegel blickt er nicht.

Theodor Storm (deutscher Schriftsteller)

Lästerei

Man wird nicht dadurch besser,
dass man andere schlecht macht.

Volksweisheit

Schwäche

Durch jeden Schlag nach einem schwächeren
Feind entehrt man sich.

Friedrich II. (preußischer König)

Verständigung

Wer auf andere Leute wirken will, der mu
einmal in ihrer Sprache mit ihnen reden.

Kurt Tucholsky (deutscher Schr

kleinen Anregung, um etwaige Zweifel zu zerstreuen. Vielleicht gewinnen wir ja sogar einen Freund, der – dankbar für die Aufmunterung – zum wertvollen Gefährten und Mitstreiter wird. Das Risiko lohnt sich. Später kann man immer noch deutlich werden!

MUSTERBEISPIEL

Einer Ihrer Freunde lässt den Kopf hängen und benötigt einen kleinen Schubs.
Freund: »Ach, ich weiß nicht! Meinst du wirklich, dass wir ausgerechnet heute in die Berge fahren sollten. Wer weiß, ob das Wetter mitspielt?«
Antwort: »Ja, wer weiß? Aber der ideale Tag wird nie kommen. Der ideale Tag ist heute, wenn wir ihn nur dazu machen.«

Horaz (römischer Dichter)

Zugegeben! Dies ist ein schwieriger Fall, aber versuchen kann man es. Immerhin kann man sich darauf verlassen, dass Pessimisten ihre Stimmung nicht so leicht ändern. Das bedeutet: Vorbereitung leicht gemacht. Sie können Zitate übrigens auch etwas abändern, damit sie besser in den Zusammenhang passen.

Abenteuer

Es sind immer die Abenteurer,
die große Dinge vollbringen.

Montesquieu (französischer Philosoph)

Bewegung

Wer sich nicht bewegt, spürt seine Fesseln nicht!

Rosa Luxemburg (deutsche sozialistische Politikerin)

Blindheit

Niemand ist blinder als der, der nicht sehen will.

Sprichwort

Chance

Der ideale Tag wird nie kommen. Der ideale Tag ist heute, wenn wir ihn dazu machen.

Horaz (römischer Dichter)

Engstirnigkeit

Die Blumen machen den Garten, nicht der Zaun.

Deutsches Sprichwort

Erwartung

Gesegnet sei der, der nichts erwartet. Er wird nie enttäuscht werden.

Alexander Pope (englischer Dichter)

Gesundheit

Es gibt tausend Krankheiten,
aber nur eine Gesundheit.

Ludwig Börne (deutscher Schriftsteller)

Gewohnheit

Wir kreieren erst unsere Gewohnheiten und
dann kreieren unsere Gewohnheiten uns.

John Dryden (englischer Schriftsteller)

Glück

Willst du glücklich sein im Leben, dann sei es!

Leo Tolstoi (russischer Schriftsteller)

Grübler

Das ist das Schlimmste von allen Übeln,
im Vergangenen herumzugrübeln.

Wilhelm Busch (deutscher Dichter)

Haderer

Der Mensch rechnet immer das,
was ihm fehlt, dem Schicksal doppelt so hoch an
wie das, was er besitzt.

Gottfried Keller (Schweizer Dichter)

Jammern

Es hat keinen Zweck,
über die Dunkelheit zu jammern.
Besser ist es, ein Licht anzuzünden.

Chinesische Weisheit

Kampf

Es ist besser, für etwas zu kämpfen
als gegen etwas.

Amos Bronson Alcott (US-amerikanischer Philosoph)

Leistung

Wer etwas Großes leisten will,
muss tief eindringen,
scharf unterscheiden,
vielseitig verbinden,
und standhaft beharren.

Friedrich Schiller (deutscher Dichter)

Meinung

Ich warne Sie,
auch nur den kleinsten Winkel Ihres Kopfes
einen einzigen Augenblick lang leer zu lassen;
denn dann wird augenblicklich von allen Seiten
die Meinung anderer Leute einströmen.

George Bernard Shaw (irischer Schriftsteller)

Nörgler

Es gibt Rosenzüchter, die sich mehr
mit den Blattläusen beschäftigen
als mit den Rosen.

Victor Auburtin (deutscher Journalist)

Not

Wenn du Not hast,
so klage sie dir und keinem anderen.

Matthias Claudius (deutscher Dichter)

Offenheit

Der Frosch im Brunnen ahnt nichts
von der Weite des Meeres.

Chinesisches Sprichwort

Pedant

Wenn die Pedanten sich prügeln,
triumphieren die Philosophen.

Voltaire (französischer Philosoph und Autor)

Pessimismus

Der Pessimist klagt über den Wind,
der Optimist hofft, dass der Wind sich dreht,
und der Realist hisst die Segel.

Sir William Adolphus Ward (britischer Historiker)

Problem

Nicht der Weg ist das Schwierige,
vielmehr ist das Schwierige der Weg.

Søren Kierkegaard (dänischer Philosoph)

Regeln

Die Ausnahmen von der Regel machen
den Märchenzauber des Daseins aus.

Marcel Proust (französischer Schriftsteller)

Sehen

Wer seine Augen nicht braucht, um zu sehen,
der wird sie brauchen, um zu weinen.

Jean Paul (deutscher Schriftsteller)

Sicherheit

Wenn du über dünnes Eis läufst,
liegt die Sicherheit in deiner Geschwindigkeit.

Ralph Waldo Emerson
(US-amerikanischer Dichter und Philosoph)

Unabhängigkeit

Es tut jedem gut,
sich auf seine eigenen Beine zu stellen,
diese Beine mögen sein, wie sie wollen.

Theodor Fontane (deutscher Dichter)

Verantwortung

Verantwortlich ist man nicht nur für das,
was man tut, sondern auch für das,
was man nicht tut.

Chinesische Weisheit

Veränderung

Nicht die Dinge ändern sich,
wir ändern uns.

Henry David Thoreau
(US-amerikanischer Schriftsteller und Philosoph)

Vorsicht

Wer nie verließ der Vorsicht Kreise,
der war nie töricht, aber auch nie weise.

Martin von Bodenstedt (deutscher Dichter)

Zauderer

Bereitschaft ist alles.

William Shakespeare (englischer Dichter)

Zweifel

Der Zweifel raubt uns,
was wir gewinnen könnten,
wenn wir nur wagen würden.

William Shakespeare (englischer Dichter)

Wie entschärft man verfahrene Situationen?

Bei der Schlagfertigkeit kommt es nicht darauf an, jemanden fertig zu machen, und auch nicht immer darauf, das letzte Wort zu behalten. Vielmehr ermöglicht sie Ihnen, den Überblick zu behalten und Herr der Lage zu sein. Anderen Menschen Mut machen, ihnen Trost spenden, bei Konflikten zu vermitteln: Das spricht für wahre Charakterstärke, und nur der Starke vermag es, sich mit den finsteren Mächten anzulegen. Richten Sie deshalb, wenn nötig, Ihre Schläge nicht gegen Ihre Mitmenschen, sondern gegen die Launen des Schicksals, gegen jene kleinen Ungerechtigkeiten und Niederlagen, die uns das Leben versauern.

MUSTERBEISPIEL

Sie kommen zufällig dazu, wie zwei Ihrer Freunde sich in die Wolle geraten. Einer von ihnen versucht sofort, Sie auf seine Seite zu ziehen.
A: »Der ärgert mich schon den ganzen Abend. Jetzt möchte ich gern mal deine Meinung dazu hören! Das macht der doch mit Absicht.«

B: »Gute Idee! Ich bin auch mal auf deine Meinung gespannt.«
Antwort: »Na ja, vielleicht ist es tatsächlich so, wie Nietzsche schon gesagt hat: ›Auch beim Geringsten, was wir absichtlich tun, ist das allermeiste unabsichtlich.‹ Vielleicht haben sich ja die finsteren Mächte gegen euch beide verschworen.«

Übrigens spielen Sie in dieser konkreten Situation nicht nur den Schlichter. Sie retten gleichzeitig Ihre eigene Haut, denn es wird immer problematisch, wenn Sie sich für eine von zwei Seiten entscheiden sollen. Allzu leicht sind Sie am Ende der Gelackmeierte.

Absicht

Auch beim Geringsten,
was wir absichtlich tun,
ist das allermeiste unabsichtlich.

Friedrich Nietzsche (deutscher Philosoph)

Ärger

Kein besseres Heilmittel gegen kleinen Ärger
als große Sorgen!

Professor Jacob Lorenz (Schweizer Wissenschaftler)

Aufgeben

Gib nie einen Menschen oder die Hoffnung auf ihn lieblos auf.

Søren Kierkegaard (dänischer Philosoph)

Diplomatie

Die beste Diplomatie ist das Schweigen.

Jüdisches Sprichwort

Diskussion

Wer sich in einer Diskussion
auf seine Autorität beruft,
gebraucht nicht den Verstand,
sondern sein Gedächtnis.

Leonardo da Vinci (italienischer Künstler)

Freude

Das Schönste,
was es auf der Welt gibt,
ist ein leuchtendes Gesicht.

Albert Einstein (Universalgenie)

Größe

Das Ansehen der Großen beruht
der Ehrfurcht der Kleinen.

Jean Paul (deutscher Schriftsteller)

Jugend

Ach, das ist das Schöne an der Jugend,
dass sie mit ebenso viel Hoffnungen operiert
wie das Alter mit Erinnerungen.

Bertha von Suttner (österreichische Schriftstellerin)

Niederlage

Wo der Ehrgeiz endet, fängt das Glück an.

Ungarisches Sprichwort

Selbstbewusstsein

Dem Adler wachsen die Schwingen im Flug.

Deutsches Sprichwort

Streit

Ein Abend,
an dem sich alle Anwesenden einig sind,
ist ein verlorener Abend.

Albert Einstein (Universalgenie)

Talent

Der eigentliche Beweis,
dass wir Talent besitzen,
ist die Fähigkeit,
das Talent in anderen Menschen zu entdecken.

Elbert G. Hubbard (US-amerikanischer Schriftsteller)

Ungerechtigkeit

Zu allen Zeiten haben die Kleinen für die Dummheit der Großen büßen müssen.

Jean de La Fontaine (französischer Fabeldichter)

Vergebung

Lieber zehn Schuldigen vergeben,
als einen Unschuldigen hinrichten.

Katharina II. die Große (russische Zarin)

Vorsatz

Bei großen Dingen genügt es auch,
sie gewollt zu haben.

Sextus Properz (römischer Dichter)

Wahl

Wenn du die Wahl hast zwischen zwei Übeln,
wähle keines von beiden.

Charles Haddon Spurgeon (englischer Theologe)

Zuversicht

Hebt mich das Glück, so bin ich froh
und ging in dulci jubilo;
senkt sich das Rad und quetscht mich nieder,
enk ich: Nun, es hebt sich wieder.

Johann Wolfgang von Goethe (deutscher Dichter)

In der Liebe und im Krieg – Frauen und Männer

Frauen und Männer – ein heikles Thema! Was die Sache so kompliziert macht, ist die Tatsache, dass alles möglich ist und es keine festen Regeln zu geben scheint, denn was beim einen nach einem gelungenen Kompliment riecht, ruft bei der anderen nur ungläubiges Kopfschütteln – oder etwas anderes – hervor.

Mit einem Wort: Was die Liebe betrifft, haben die Schicksalsgöttinnen die Regie übernommen. Oder anders ausgedrückt: Männer und Frauen ticken einfach unterschiedlich, und so bleibt es denn auch Ihrem Feingefühl und Ihrer Menschenkenntnis überlassen, wie Sie sich in welcher Situation verhalten, wie Sie Ihre Schlagfertigkeiten an den Mann beziehungsweise an die Frau bringen, ohne zu viel Porzellan zu zerschlagen.

Auf eines können Sie sich aber verlassen: So wertvoll Schweigen auch sein mag, ist es beim Zusammentreffen der Geschlechter jedoch nur in den seltensten Fällen hilfreich. Also Augen auf und durch! Ein Beispiel, wie Sie gegen das andere Geschlecht punkten können, folgt auf dem Fuß.

MUSTERBEISPIEL

Samstagabend, Viertel vor acht. Die Theatervorstellung beginnt um halb neun:

Sie: »Sehe ich auch gut aus in diesem Kleid?«

Er: »Hmm, du wirst dir schon etwas dabei gedacht haben, als du es ausgewählt hast.«

Sie: »Das ist mal wieder typisch für dich. Ich glaube, du interessierst dich gar nicht für mich.«

Er: »Das stimmt doch nicht! Ich wollte nur sagen, dass du einen guten Geschmack und deshalb nur schöne Kleider hast. Ob du nun das mintgrüne oder das lindgrüne Kleid anziehst, macht doch keinen großen Unterschied.«

Sie: »Was weißt du denn schon davon? ›Sehr geringe Unterschiede begründen manchmal sehr große Verschiedenheiten.‹ Das hat eine kluge Frau einmal gesagt.«

Er: (denkt sich) »Aus dem Theaterbesuch wird sowieso nichts mehr. Vielleicht lässt sich der Abend ja anderweitig retten ...«

Er: (sagt) »Und Karl Kraus sagte: ›Es kommt gewiss nicht bloß auf das Äußere einer Frau an. Auch die Dessous sind wichtig.‹ Dieses da gefällt mir besonders gut.«

Adam

Adam hatte Glück, er hatte keine Schwiegermutter.

Sholem Aleichem (jiddischer Autor)

Anziehungskraft

Ein gewisses Maß an Begehren gibt dem Leben erst seinen Schwung.

Samuel Johnson (englischer Dichter)

Aussehen

Es kommt gewiss nicht bloß auf das Äußere einer Frau an. Auch die Dessous sind wichtig.

Karl Kraus (österreichischer Schriftsteller)

Beziehung

Zwei Menschen sind immer zwei Extreme.

Friedrich Hebbel (deutscher Dichter)

Blumen

Blumen sind die Liebesgedanken der Natur.

Bettina von Arnim (deutsche Dichterin)

Dummheiten

Es bedarf einer vollendet guten Frau, etwas vollendet Blödsinniges zu tun.

Oscar Wilde (irischer Dichter)

Eifersucht

In der Eifersucht steckt mehr Liebe
zu sich selbst als zum anderen.

François de La Rochefoucauld
(französischer Schriftsteller)

Eva

Eva hat den Apfel nur deshalb gegessen,
weil sie endlich Kleider haben wollte.

Douglas Jerrold (englischer Humorist)

Frauen

Mit Recht beklagt sich die Moral,
dass der Natur die Frauen
zu gut gelungen sind.

Emanuel Wertheimer
(deutsch-österreichischer Philosoph)

Gegensatz

Wie weit ist es von einem Mann zu einer Frau!

Kurt Tucholsky (deutscher Schriftsteller)

Hochzeit

Hochzeit machen dauert eine Stunde;
den Ärger hat man das ganze Leben.

Jüdisches Sprichwort

Interesse

Wenn das Interesse schwindet,
schwindet auch die Erinnerung.

Johann Wolfgang von Goethe (deutscher Dichter)

Intuition

Die Intuition der Frau geht dem Mann voraus,
wie die Rauchsäule bei Tag und die Feuersäule
bei Nacht dem auserwählten Volke vorausging.

Prentice Mulford (US-amerikanischer Journalist)

Irrtum

Wir irrten uns aneinander.
Es war eine schöne Zeit.

Johann Wolfgang von Goethe (deutscher Dichter)

Kuss

Kein ehrlicher Mann wird einen
geraubten Kuss für sich behalten;
er wird ihn sofort zurückgeben.

Mark Twain (US-amerikanischer Schriftsteller)

Liebe

Und wenn ich dich lieb habe,
was geht's dich an?

Johann Wolfgang von Goethe (deutscher Dichter)

Männer

Männer kann man analysieren,
Frauen nur anbeten.

Oscar Wilde (irischer Dichter)

Meinung

Wenn ein Mann seine Meinung sagt,
ist er ein Mann.
Wenn eine Frau ihre Meinung sagt,
ist sie ein Miststück.

Bette Davis (US-amerikanische Schauspielerin)

Nacht

Die schönen Tage sind das Privileg
der Reichen.
Aber die schönen Nächte sind das Monopol
der Glücklichen.

Johann Nepomuk Nestroy
(österreichischer Komponist und Schriftsteller)

Nähe

Die Entfernungen nehmen ab,
die Menschen kommen sich näher!

Hugo von Hofmannsthal
(österreichischer Schriftsteller)

Opferbereitschaft

Die Frauen sind – wie einst Eva – stets bereit, das Paradies aufzugeben, wenn sie dafür ein elegantes Feigenblatt bekommen.

Ludwig Hevesi (österreichischer Schriftsteller)

Schüchternheit

Erröten steht einem sehr gut.

Oscar Wilde (irischer Dichter)

Sehnsucht

Es ist ein wundersam Ding
um des Menschen Seele,
und des Menschen Herz
kann sehr oft am glücklichsten sein,
wenn es sich so recht sehnt.

Wilhelm Raabe (deutscher Dichter)

Streit

Wenn wir über den Schatten streiten,
übersehen wir das Wesentliche.

Aesop (griechischer Fabeldichter)

Trennung

Was man liebt, soll man nicht halten.

Napoleon I. Bonaparte (französischer Kaiser)

Unterschied

Sehr geringe Unterschiede begründen
manchmal sehr große Verschiedenheiten.

Marie von Ebner-Eschenbach
(österreichische Schriftstellerin)

Verführung

Es hätte nicht des Apfels bedurft,
Adam zu verführen.
Eva allein schon genügte.

Marianne Langewiesche (deutsche Schriftstellerin)

Vergebung

Wir lesen immer,
dass wir unseren Feinden vergeben sollen.
Wo steht geschrieben,
dass das nicht auch für unsere Freunde gilt?

Sir Francis Bacon (englischer Philosoph)

Verliebt

In einem Lande,
wo den Leuten,
wenn sie verliebt sind,
die Augen im Dunkeln leuchteten,
bräuchte man des Abends keine Laternen.

Georg Christoph Lichtenberg (deutscher Aphoristiker)

Wüstling

Was ist ein Wüstling?
Einer, der auch dort noch Geist hat,
wo andere nur Körper haben.

Karl Kraus (österreichischer Schriftsteller)

Zwang

Venus erliegt durch Liebkosungen –
nicht durch Zwang.

Publilius Syrus (römischer Dichter)

Wie ärgert man Besserwisser?

Nachdem nun genug zum Thema Verteidigung, Vermittlung und Unsicherheit gesagt wurde, ist es an der Zeit, zum Angriff überzugehen, denn meistens ist man sich seiner Sache ziemlich sicher.

Man weiß zum Beispiel, dass man gerne etwas sagen möchte. Man weiß nur nicht, was oder wie. Man weiß auch, dass man oft einfach genervt ist, weil man wieder einmal einem dieser Besserwisser über den Weg gelaufen ist, der zu allem und jedem, zu Gott und der Welt eine Meinung hat und partout nicht einsehen will, dass er diesmal (nur dieses eine Mal!)

nicht Recht hat. Nun gut, Sie wissen es, und das genügt. Und wenn Sie auch in der Sache nicht wissen, was nun eigentlich richtig ist, so wissen Sie zumindest nach den folgenden Seiten, wie Sie Ihren Gegner spüren lassen können, dass er im Unrecht ist.

MUSTERBEISPIEL

Klappt fast mit jedem Besserwisser! Es spielt keine Rolle, worüber Sie sich uneinig sind.
Sie: »Sie haben Recht!«
Besserwisser: »Gut, dass Sie das endlich einsehen!«
Sie: »Aber Sie kennen ja bestimmt auch das alte Juristenmotto: ›Recht haben und Recht bekommen, das sind drei völlig unterschiedliche Dinge.‹«
Besserwisser: »Wieso drei?«
Sie: »Das Recht durchzusetzen gehört auch noch dazu.«

Es ist übrigens belanglos, was Ihr Kontrahent sagt, nachdem Sie ihm Recht gegeben haben. Die Fortsetzung funktioniert immer. Eine Variante zu der Auflösung am Schluss, die auch immer sehr gut ankommt:

Besserwisser: »Wieso drei Dinge?«
Sie: »Na, überlegen Sie mal. Sie werden bestimmt drauf kommen.«

TIPP Spielen Sie in Gedanken doch einmal durch, wie die anderen Zitate in diesem Abschnitt passen, wenn Sie Ihrem Gesprächsgegner zunächst einmal Recht geben.

Alter

Ältere Menschen glauben gern an sich selbst.

August Strindberg (schwedischer Schriftsteller)

Antwort

Eine gute Antwort weiß,
wann sie aufhören muss.

Italienisches Sprichwort

Armut

Armer Mensch, an dem der Kopf alles ist!

Johann Wolfgang von Goethe (deutscher Dichter)

Aufmerksamkeit

Aufmerksamkeit ist das Leben.

Johann Wolfgang von Goethe (deutscher Dichter)

Besserwisser

Nirgends ist, wer überall ist.

Lucius Annaeus Seneca
(römischer Politiker und Philosoph)

Bildung

Der Gebildete treibt
die Genauigkeit nicht weiter,
als es der Natur der Sache entspricht.

Aristoteles (griechischer Philosoph)

Ehrgeiz

Ach, der unselige Ehrgeiz,
er ist ein Gift für alle Freuden.

Heinrich von Kleist (deutscher Dichter)

Einbildung

Manche Menschen werden nie etwas lernen,
weil sie alles so schnell begreifen.

Alexander Pope (englischer Dichter)

Erkenntnis

Das Licht ist für alle Augen,
aber nicht alle Augen sind für das Licht.

Ernst Freiherr von Feuchtersleben
(österreichischer Philosoph)

Fähigkeit

Sie können es, weil sie es zu können scheinen.

Vergil (römischer Dichter)

Geheimnis

Niemand schätzt Geheimnisse so sehr wie jene, die sie nicht für sich behalten können.

Charles Caleb Colton (englischer Dichter)

Güte

Das Gute ist zweimal so gut, wenn es kurz ist.

Balthasar Gracián y Morales (spanischer Philosoph)

Idee

Wie oft verwechselt man Einfälle mit Ideen!

Friedrich Hebbel (deutscher Dichter)

Intelligenz

Man glaubt nicht, wie geistreich man sein muss, um niemals lächerlich zu werden.

Nicolas Chamfort (französischer Schriftsteller)

Kritik

Jeder Narr kann kritisieren, verurteilen, reklamieren – und die meisten Narren tun es auch.

Andrew Carnegie (US-amerikanischer Industrieller)

Lautstärke

Lärm beweist gar nichts.
Eine Henne, die ein Ei gelegt hat,
gackert, als sei es ein Planet.

Mark Twain (US-amerikanischer Schriftsteller)

Logik

Mit Logik kann man Beweise führen,
aber keine neuen Erkenntnisse gewinnen,
dazu gehört Intuition.

Henri Poincaré (französischer Mathematiker)

Meinung

Mit den Meinungen ist es
wie mit den Uhren:
Sie stimmen nie überein,
und jeder verlässt sich
auf die eigene!

Alexander Pope (englischer Dichter)

Neunmalklug

Ienschen sind klug;
hen vorher, die anderen nachher.

Volksmund

Rat

Man gibt Ratschläge, aber die Ausführung
bringt man keinem bei.

François de La Rochefoucauld
(französischer Schriftsteller)

Recht

Recht haben und Recht bekommen,
das sind drei völlig unterschiedliche Dinge.

Juristenmotto

Schweigen

Besser schweigen und als Narr scheinen,
als sprechen und jeden Zweifel beseitigen.

Abraham Lincoln (US-Präsident)

Sturheit

Tote heilen und Greise ermahnen
ist dasselbe.

Diogenes (griechischer Philosoph)

Talent

Ein Talent hat jeder Mensch,
nur gehört zumeist das Licht der Bildung dazu,
um es aufzufinden.

Peter Rosegger (österreichischer Schriftsteller)

Unterschied

Das Gelehrte verallgemeinert,
der Künstler unterscheidet.

Jules Renard (französischer Schriftsteller)

Vorurteil

Reisen ist tödlich für Vorurteile.

Mark Twain (US-amerikanischer Schriftsteller)

Weisheit

Einen mit Weisheit Gesalbten darf man nie warm werden lassen, sonst trieft er.

Marie von Ebner-Eschenbach
(österreichische Schriftstellerin)

Wissen

Je weniger Ahnung jemand hat,
desto mehr Spektakel macht er und
ein desto höheres Gehalt verlangt er.

Mark Twain (US-amerikanischer Schriftsteller)

Zitat

Man überzeugt im Allgemeinen besser durch Gründe, die man selbst gefunden hat, als durch die, die anderen eingefallen sind.

Blaise Pascal (französischer Wissenschaftler)

Alles ist eitel oder wie man Pfauen stutzt

Wenn wir schon beim Thema sind: Zu den Leuten, die einem den letzten Nerv rauben können, gehören natürlich auch die Eingebildeten. Es ist eigentlich nur eine Frage des Geschmacks, wer denn nun schlimmer ist. Besserwisser oder Angeber? Eines haben Sie gemeinsam: Sie sind durch und durch egozentrisch und lassen keine Gelegenheit aus, sich in den Mittelpunkt zu stellen.

Genau hierin liegt aber auch die große Chance für einen Gegenangriff. Harte Schläge sind möglich, aber nicht zwingend notwendig, denn selbst Komplimente – entsprechend vorgetragen – werden unter Umständen schon als Beleidigungen empfunden, und das hat einen einfachen Grund.

Egozentriker kreisen in ihren Gedanken nämlich so um sich selbst, dass ihre Wahrnehmung getrübt ist. Vorausgesetzt, sie hören überhaupt zu. »Schlagfertigkeit«, so drückte es der amerikanische Satiriker Ambrose Bierce aus, »ist eine Erwiderung in Form einer vorsichtigen Beleidigung.« Nirgends trifft diese Aussage besser zu.

MUSTERBEISPIEL

Um einen schlagfertigen Spruch an den Mann beziehungsweise an die Frau zu bringen, muss man nicht unbedingt warten, bis man selbst angesprochen wird.

Es gibt Menschen, die allein schon durch ihr Auftreten und ihr Gehabe provozieren.

Denken Sie zum Beispiel an den Schönling auf der Herrentoilette, der Minuten lang das Waschbecken blockiert und anstatt sich die Finger zu waschen vielmehr Wert darauf legt, dass jede einzelne Strähne richtig zur Geltung kommt.

Eine mögliche Antwort auf diese Provokation könnte lauten: *»Wehmütig grüßt der, der ich bin, den, der ich sein möchte.«*

TIPP Wer sich in seiner Eitelkeit ertappt fühlt, der reagiert – wenn er nicht vorher errötet – meist ziemlich beleidigt. Wenn Sie also feststellen wollen, ob Ihr Schlag gesessen hat, achten Sie einfach auf die Reaktionen und die Gesichtsfarbe Ihres Gegners.

Ansehen

Zu großes Ansehen ist für die
geistige Gesundheit nicht gut.

George Bernard Shaw (irischer Schriftsteller)

Aufschneider

Der Angeber kommt meist nicht weit.
Es fehlt ihm ja die Sicherheit,
mit der – ganz ohne anzugeben –
die wahrhaft Fortgeschritt'nen leben.

Wilhelm Busch (deutscher Dichter)

Beliebtheit

Beifall lässt sich wie Gegenliebe nicht erzwingen.

Johann Wolfgang von Goethe (deutscher Dichter)

Bescheidenheit

Man verschweigt selten, dass man ungern
von seinen Wohltaten spricht.

Emanuel Wertheimer
(deutsch-österreichischer Philosoph)

Egozentriker

Wir dürfen nicht annehmen, dass alle Dinge
unsretwegen geschaffen worden sind.

René Descartes (französischer Philosoph)

Eigenlob

Wer sich selber lobt,
findet schnell seine Spötter.

Publilius Syrus

Einbildung

Adel sitzt im Gemüte, nicht im Geblüte.

Deutsches Sprichwort

Einfluss

Man muss die Leute an ihren Einfluss
glauben lassen – Hauptsache ist,
dass sie keinen haben.

Ludwig Thoma (deutscher Schriftsteller)

Eleganz

Anmut ohne Ungezwungenheit
ist undenkbar.

Jean-Jacques Rousseau (französischer Philosoph)

Fest

Es ist gar nichts an einem Feste,
ohne wohlgeputzte vornehme Gäste.

Johann Wolfgang von Goethe (deutscher Dichter)

Intelligenz

Große Fähigkeiten allein genügen nicht:
Man muss sie auch gebrauchen.

François de La Rochefoucauld
(französischer Schriftsteller)

Komplimente

Was man auch Gutes über uns sagen mag:
Man sagt uns nichts Neues.

François de La Rochefoucauld
(französischer Schriftsteller)

Licht

Es gibt Lichter, die alles bescheinen,
nur nicht den eigenen Leuchter.

Friedrich Hebbel (deutscher Dichter)

Makellosigkeit

Mit all der Mühe,
mit der wir manche unserer
Fehler verbergen,
könnten wir sie uns leicht abgewöhnen.

Michelangelo (italienischer Bildhauer)

Möchtegern

Wehmütig grüßt der, der ich bin, den,
der ich sein möchte.

Søren Kierkegaard (dänischer Philosoph)

Schönheit

Die meisten Menschen ahnen nicht,
was Gott aus ihnen machen könnte,
wenn sie sich ihm nur zur Verfügung stellen
würden.

Ignatius von Loyola (Gründer der Gesellschaft Jesu)

Selbsterkenntnis

Ich wünsche den Menschen die Gabe,
sich mit den Augen der anderen zu sehen.

Robert Burns (schottischer Nationalbarde)

Stärke

Die Hauptaufgabe des Körpers besteht darin,
den Verstand spazieren zu tragen.

Thomas Alva Edison (US-amerikanischer Erfinder)

Stolz

Es gibt viele Hähne, die meinen, dass ihret-
wegen die Sonne aufgeht.

Theodor Fontane (deutscher Dichter)

Nadelstiche, die unter die Haut gehen

Während man mit Aufschneidern, Besserwissern, Nörglern, Angstmachern und allen anderen Menschen, die sich in irgendwelche Schubladen stecken lassen, relativ leichtes Spiel haben kann – ausgenommen seien ausdrücklich alle Vertreter und Vertreterinnen des anderen Geschlechts –, tun wir uns schwer mit denjenigen, die wir nicht einschätzen können. Grund genug, um von vornherein misstrauisch zu sein.

Wenn Sie auf Nummer sicher gehen wollen, dann unterstellen Sie ihnen besser ein Mindestmaß an Intelligenz. Wenn Sie darüber hinaus noch Spaß haben wollen, dann nutzen Sie die Gelegenheit und suchen das Gespräch, denn man kann dabei eine Menge lernen.

Mit kleinen Rückschlägen und Kontern, die Sie sprachlos machen, sollten Sie zwar unbedingt rechnen, aber wie heißt es so schön: Übung macht den Meister.

Der ein oder andere Treffer – sportlich ausgedrückt – wird schon dabei sein. Sie können sich ja schon einmal überlegen, wem Sie was servieren möchten.

MUSTERBEISPIEL

Sie beteiligen sich an einer Diskussionsrunde, in der es um Ihre elementaren Interessen geht. Die neue Umgehungsstraße soll nämlich direkt an Ihrem Grundstück vorbei gehen. Was Ihnen von den verantwortlichen Politikern garantiert als Erstes signalisiert wird: Verständnis!
Politiker: »Ich kann Sie gut verstehen, Herr … Aber sehen Sie doch auf der anderen Seite auch einmal die Chancen. Eine verbesserte Infrastruktur, das bedeutet immer auch neue Arbeitsplätze …
Antwort: »Arthur Schopenhauer hatte schon Recht! ›Die Absicht redet unter der Maske der Einsicht.‹ Ich weiß doch ganz genau, was Sie vorhaben!«

Zur Erinnerung:

Manchmal geht es nicht darum, Sie zu überzeugen, sondern die übrigen Zuhörer, die vermeintlich leichter zu gewinnen sind. Es ist absolut legitim, auch persönlich zu werden, wenn etwas auf dem Spiel steht.

Man kann zwar verlieren, aber wie heißt es so schön: Wer nicht kämpft, der hat schon verloren.

Absicht

Die Absicht redet unter
der Maske der Einsicht.

Arthur Schopenhauer (deutscher Philosoph)

Anspruch

Die Menschen haben große Ansprüche
und kleine Pläne.

Luc de Vauvenargues
(französischer Philosoph und Schriftsteller)

Beliebtheit

Popularität setzt immer
Mittelmäßigkeit voraus.

Oscar Wilde (irischer Dichter)

Charakterlosigkeit

Was nützen die Gesetze uns,
wenn gute Sitten fehlen?

Horaz (römischer Dichter)

Dummheit

Die Dummheit ist etwas Unumstößliches.
Nichts geht gegen sie an,
ohne an ihr zu zerschellen.

Gustave Flaubert (französischer Schriftsteller)

Ehrlichkeit

Schwache Menschen können nicht aufrichtig sein.

François de La Rochefoucauld (französischer Schriftsteller)

Entscheidung

Es ist schwer, viele Wege des Lebens zugleich zu gehen.

Pythagoras von Samos (griechischer Philosoph)

Fleiß

Es genügt nicht, nur fleißig zu sein – das sind die Ameisen. Die Frage ist vielmehr: Wofür sind wir fleißig?

Henry David Thoreau (US-amerikanischer Schriftsteller)

Geiz

Alle lieben das Schöne. Wenige leisten es sich.

Georges Clémenceau (französischer Politiker)

Glück

Der Glückliche ist mit sich und seiner Umgebung einig.

Oscar Wilde (irischer Dichter)

Horizont

Die Menschen leben alle unter dem gleichen Himmel, aber nicht alle haben den gleichen Horizont.

Konrad Adenauer (deutscher Bundeskanzler)

Intelligenz

Das einzig Intelligente an ihm ist
sein Weisheitszahn.

Mark Twain (US-amerikanischer Schriftsteller)

Kopf

Man könnte vermuten,
dass der menschliche Kopf eine Trommel sei,
die nur darum klingt, weil sie leer ist.

Immanuel Kant (deutscher Philosoph)

Krankheit

Einen Kranken, der sich für gesund hält,
kann man nicht heilen.

Henri Frédéric Amiel
(französisch-schweizerischer Philosoph)

Mittelmaß

Die Mittelmäßigkeit wägt immer richtig,
nur ihre Maße sind falsch.

Anselm Feuerbach (deutscher Maler)

Nein

Ein Nein zur rechten Zeit erspart
viel Widerwärtigkeit.

Deutsches Sprichwort

Langweiler

Geistreich gelangweilt ist auch unterhalten.

Franz Grillparzer (österreichischer Schriftsteller)

Lehrer

Ein rechter Meister
zieht keine Schüler,
sondern eben wiederum Meister.

Robert Schumann (deutscher Komponist)

Neugier

Was dein Feind nicht wissen soll,
das sage deinem Freunde nicht.

Arthur Schopenhauer (deutscher Philosoph)

Opportunismus

Nur tote Fische
schwimmen mit dem Strom.

Fernöstliche Weisheit

Pflicht

Der Gegensatz zur Pflicht
ist nicht die Pflichtlosigkeit,
sondern die Verantwortung.

Johann Heinrich Pestalozzi (Schweizer Pädagoge)

Schweigen

Es gibt nichts Schöneres,
als dem Schweigen eines Dummkopfs
zuzuhören.

Helmut Qualtinger (österreichischer Schauspieler und Kabarettist)

Sinn

Die Menschen deuten oft
nach ihrer Weise die Dinge,
weit entfernt vom wahren Sinn!

William Shakespeare (englischer Dichter)

Taten

Ohne Tat bleibt der schönste Gedanke blass.

Mahatma Gandhi (indischer Pazifist)

Verstand

Derer sind wenige, die Verstand haben.

Dante Aligheri (italienischer Dichter)

Wahrheit

Die Wahrheiten, die man am wenigsten liebt,
sind die für uns wertvollsten.

Jean de La Bruyère (französischer Moralist)

Zuverlässigkeit

Du lernst den Baum kennen,
wenn du dich an ihn lehnen willst.

Volksweisheit

So bringt man jeden auf die Palme

Stellen Sie sich einmal vor, Ihr Chef ruft Sie in sein Büro und empfängt Sie im freundlichsten Ton mit folgenden Worten: »Lieber Herr Gut, liebe Frau Schön! Mein Lieblingsdichter Theodor Fontane, Gott hab ihn selig, hat einmal folgenden Satz geprägt: ›Abschiedsworte‹, so sagte er, ›müssen kurz sein wie Liebeserklärungen.‹ Um es also kurz zu machen: Sie sind gefeuert!«

»Eine ausgemachte Unverschämtheit!«, werden Sie sich denken, und abgesehen von Pest und Cholera, die Sie ihm ins Haus wünschen, werden Sie recht verblüfft sein, denn dies ist eine jener klassischen Situationen, in denen der Ärger erst nach und nach Gestalt annimmt.

Kein Wunder auch, denn es dauert eine Weile, bis Sie die gesamte Tragweite begriffen haben. Nach der Lektüre dieses Buches – wenn Sie den Spruch bis dahin nicht vergessen haben – könnten Sie beispielsweise mit dem amerikanischen Dichter Henry Wadsworth Longfellow zurückschlagen: »Diejenigen, die gehen, fühlen nicht den Schmerz des Abschieds. Der Zurückbleibende leidet.«

Das ist aber nicht der Punkt! Viel wertvoller ist es doch, wenn Sie selbst in der Lage sind, jemanden in die Rolle des Leidenden zu versetzen, und zwar ausdrücklich all jene, mit denen Sie sich gar nicht unterhalten wollen. Menschen, die Sie nie wieder sehen wollen. Gute Ratschläge, ausgewählte Formulierungen, und das alles möglichst schön und freundlich verpackt. Zur Krönung noch den Urheber nennen, und wenn es zufällig Goethe sein sollte, vergessen Sie auf gar keinen Fall zu betonen, dass Goethe ein deutscher Dichter war. Nun schließen Sie einen Moment die Augen und – denken Sie an eine Verkehrskontrolle!

Die Alternative heißt auch hier: freundlich bleiben!

MUSTERBEISPIEL

Sie haben Ihr Auto nur fünf Minuten stehen lassen. Diese Nachlässigkeit bringt Ihnen folgendes Kurzgespräch mit der charmanten Dame von der Verkehrsüberwachung ein:
Parksünder: »Aber ich bitte Sie! Ich war wirklich nur fünf Minuten weg. Dafür können Sie mir doch keinen Strafzettel geben.«
Antwort: keine! Die Dame tippt unbeirrt Ihr Kennzeichen in ihren kleinen schwarzen Kasten.
Parksünder: »Gerechtigkeit herrsche, und ginge die Welt darüber zugrunde.«
Es könnte aber auch ganz anders kommen:
Parksünder: »Aber ich bitte Sie! Ich war wirklich nur fünf Minuten weg. Dafür können Sie mir doch keinen Strafzettel geben.«
Charmante Antwort: »Ja, Herr, ehrlich sein heißt, wie es in dieser Zeit geht, ein Auserwählter unter Zehntausenden zu sein. Zahlen müssen Sie aber trotzdem.«

TIPP Einen guten Spruch sollten Sie bereit halten, wenn Sie aus beruflichen Gründen immer wieder schief angeredet werden.

Aufrichtigkeit

Ja, Herr, ehrlich sein heißt,
wie es in dieser Zeit geht,
ein Auserwählter unter Zehntausenden
zu sein.

William Shakespeare (englischer Dichter)

Bildung

Die Bildung des Geistes gibt erst
der Schönheit des Körpers einen Wert.

Aesop (griechischer Fabeldichter)

Dank

Wer treulos sich des Dankes will entschlagen,
dem fehlt des Lügners freche Stirne nicht.

Friedrich Schiller (deutscher Dichter)

Erfahrung

Ein gewanderter Narr taugt mehr als
ein heimischer Weiser.

Deutsches Sprichwort

Erfolg

Wer viel gewinnen will, muss auf die kleinen
Dinge achtsam sein.

Mary Ward (englische Ordensstifterin)

Glück

Ein glückliches Leben besteht immer in erster Linie aus Freiheit von Sorgen.

Marcus Tullius Cicero (römischer Philosoph und Redner)

Haltung

Haltung lässt sich leichter bewahren als wiedergewinnen.

Thomas Paine
(US-amerikanischer Politiker und Schriftsteller)

Ignoranz

Trägst du dem Flachkopf tiefe Weisheit vor, so hält er dich für einen Sonderling und nicht für weise.

Euripides (griechischer Dichter)

Klarheit

Klarheit schmückt die tiefen Gedanken.

Luc de Vauvenargues
(französischer Philosoph und Schriftsteller)

Lachen

Das Privileg der Götter wie der Menschen ist das Lachen.

Demokrit (griechischer Philosoph)

Niederlage

Wer singen lernt in Niederlagen,
wird auch das Glück des Siegs ertragen.

Emanuel Geibel (deutscher Dichter)

Offenheit

Die Wahrheit sagen heißt, mit Liebe reden.

Henry David Thoreau
(US-amerikanischer Schriftsteller)

Prinzipien

Handle so, dass die Maxime deines Willens jederzeit zugleich als Prinzip einer allgemeinen Gesetzgebung gelten könnte.

Immanuel Kant (deutscher Philosoph)

Ruhe

Bewahre deine Seelenruhe auch den Widerwärtigkeiten des Alltags gegenüber

Horaz (römischer Dichter)

Schönheit

Der Sinn einer schönen Schöpfung liegt
zumindest so sehr bei dem Betrachter
wie in der Seele dessen, der sie schuf.

Oscar Wilde (irischer Dichter)

Spaß

Weißt du, worin der Spaß des Lebens liegt?
Sei lustig. Geht es nicht, so sei vergnügt.

Johann Wolfgang von Goethe (deutscher Dichter)

Spiel

Menschen hören nicht auf zu spielen,
weil sie alt werden, sie werden alt,
weil sie aufhören zu spielen!

Oliver Wendell Holmes
(US-amerikanischer Physiker und Schriftsteller)

Standhaftigkeit

Steh wie ein fester Turm, dem nimmermehr die Spitze schwankt in sturmbewegten Tagen.

Dante Aligheri (italienischer Dichter)

Toleranz

Toleranz sollte eigentlich nur eine vorübergehende Gesinnung sein: Sie muss zu Anerkennung führen. Dulden heißt beleidigen.

Johann Wolfgang von Goethe (deutscher Dichter)

Überzeugung

Zu überzeugen fällt keinem Überzeugten schwer.

Friedrich Schiller (deutscher Dichter)

Unaufmerksamkeit

Dass wir uns in ihr zerstreuen,
darum ist die Welt so groß.

Johann Wolfgang von Goethe (deutscher Dichter)

Ursprung

Auch das kleinste Ding
hat seine Wurzel in der Unendlichkeit,
ist also nicht völlig zu ergründen.

Wilhelm Busch (deutscher Dichter)

Veränderung

Wenn du die Absicht hast, dich zu erneuern,
tu es jeden Tag.

Konfuzius (chinesischer Philosoph)

Verletzung

Jeder Mensch hat seinen wunden Punkt,
und das erst macht ihn menschlich.

Oscar Wilde (irischer Dichter)

Vollkommenheit

Idealismus ist ein Maß der Vollkommenheit,
das in direktem Verhältnis
zur eigenen Entfernung vom Problem zunimmt.

John Galsworthy (englischer Schriftsteller)

Wahrnehmung

Die unzureichende Sinneswahrnehmung
widerlegt die Unendlichkeit nicht.

Giordano Bruno (italienischer Philosoph)

Wahrscheinlichkeit

Zur Wahrscheinlichkeit gehört auch,
dass das Unwahrscheinliche eintreten kann!

Aristoteles (griechischer Philosoph)

Wissen

Man soll die Menschen nicht nach dem
beurteilen, was sie nicht wissen,
sondern nach dem, was sie wissen,
und nach der Art, wie sie es wissen.

Luc de Vauvenargues
(französischer Philosoph und Schriftsteller)

Zwang

Ich muss, weil ich kann.
Du kannst, denn du sollst.

Immanuel Kant (deutscher Philosoph)

Gut gezielte Eigentore

Eines fehlt noch: die hohe Kunst der Schlagfertigkeit auf gesellschaftlichem Parkett. Vielleicht war die pauschale Verurteilung aller, die gern im Mittelpunkt stehen, ja etwas voreilig. Ist es nicht auch ein Stück weit legitim, wenn man die Lacher auch einmal auf seiner Seite haben möchte? Ist es nicht verständlich, wenn man auch am Tanz teilnehmen möchte und nicht nur der stille Beobachter im Hintergrund sein will?

Es ist! Es ist aber nicht ganz leicht. Bei der Selbstironie, der Fähigkeit Eigentore zu schießen, kommt es vor allem aufs richtige Maß an. Prinzipiell können Sie zwar jeden Schuss gegen sich selbst richten, aber es ist immer eine schmale Gratwanderung zwischen lustig und Mitleid erregend, zwischen Komiker und Jammerlappen.

Echter Humor setzt die unbedingte Bereitschaft voraus, sich selbst nicht zu ernst zu nehmen – eine echte Herzensangelegenheit und in jedem Fall die Mühe wert.

Hier einige Sprüche, mit denen Sie für den Anfang nicht viel falsch machen können. Haben Sie keine Hemmungen, sich vorzubereiten. Die Lockerheit kommt später von allein.

MUSTERBEISPIEL

Auf einer Party werden Sie in ein Gespräch verwickelt und ziemlich schnell – war auch nicht anders zu erwarten – nimmt der Dialog folgenden Lauf.

Partygast: »Sagen Sie, was machen Sie eigentlich beruflich?"

Antwort: »Nichts! Ich halte es mit Friedrich Nietzsche: ›Wer nichts zu schaffen hat, dem macht das Nichts zu schaffen.‹ Finden Sie das nicht auch wunderbar?«

TIPP Viel leichter fallen solche Eigentore, wenn es sich um kleine, harmlose Lügen handelt. Der erfolgreiche Rechtsanwalt kann viel eher mit seinem Nichtstun kokettieren als der arbeitslose Bankdirektor. Wenn man bei lockeren Anlässen zu ehrlich ist, kann es sehr schnell peinlich werden.

Arbeit

Wer nichts zu schaffen hat,
dem macht das Nichts zu schaffen.

Friedrich Nietzsche (deutscher Philosoph)

Charme

Alle charmanten Leute sind verdorben,
es ist das Geheimnis ihres Charmes.

Oscar Wilde (irischer Dichter)

Ehrlichkeit

Man verdient kein Lob für Ehrlichkeit,
wenn niemand versucht, einen zu bestechen.

Marcus Tullius Cicero
(römischer Philosoph und Redner)

Egoist

Ein Egoist ist ein unfeiner Mensch,
der für sich mehr Interesse hat als für mich.

Ambrose Bierce
(US-amerikanischer Journalist und Satiriker)

Ehrgeiz

Ehrgeiz ist die letzte Zuflucht des Misserfolgs.

Oscar Wilde (irischer Dichter)

Einfachheit

Sehr einfache Ideen
liegen nur in Reichweite
der kompliziertesten Gehirne.

Remy de Gourmond (französischer Schriftsteller)

Erfahrung

Erfahrung heißt gar nichts.
Man kann seine Sache auch 35 Jahre schlecht machen.

Kurt Tucholsky (deutscher Schriftsteller)

Genie

Das Publikum ist wunderbar nachsichtig.
Es verzeiht alles außer Genie.

Oscar Wilde (irischer Dichter)

Humor

In meiner Haut bin ich der Wichtigste und Wertvollste. Leider wohnt da sonst keiner, der das auch findet.

Marcus Valerius Martial (römischer Dichter)

Intelligenz

Der Nachteil der Intelligenz besteht darin, dass man pausenlos dazulernen muss.

George Bernard Shaw (irischer Schriftsteller)

Irrtum

O glücklich, wer noch hoffen kann,
aus diesem Meer des Irrtums aufzutauchen.

Johann Wolfgang von Goethe (deutscher Dichter)

Menschenkenntnis

Das sollte streng verboten sein.
Es ist ein Eingriff in das geistige Eigentum,
wenn einen jemand so durchschaut.

Johann Nepomuk Nestroy
(österreichischer Komponist und Schriftsteller)

Misserfolg

Die meisten Misserfolge kommen kurz
vor dem Ziel.

Thomas Alva Edison (US-amerikanischer Erfinder)

Missgeschick

Meine Geburt war das erste
meiner Missgeschicke.

Jean-Jacques Rousseau (französischer Philosoph)

Missverständnis

Ist es denn so schlimm, missverstanden zu werden? Pythagoras und Sokrates wurden missverstanden, Jesus Christus, Luther, Kopernikus, Galilei und Newton und jeder reine und weise Geist, der auf Erden Fleisch geworden ist.

Ralph Waldo Emerson
(US-amerikanischer Dichter und Philosoph)

Pech

Es gibt zwei Arten von Missgeschick:
das eigene Pech und das Glück der anderen.

Ambrose Bierce
(US-amerikanischer Journalist und Satiriker)

Rechthaben

Geht's in der Welt dir endlich schlecht,
tu, was du willst, nur habe nicht Recht!

Johann Wolfgang von Goethe (deutscher Dichter)

Scham

Je mehr ein Mensch sich schämt,
desto anständiger ist er.

George Bernard Shaw (irischer Schriftsteller)

Schwäche

Der meiste Schatten in unserem Leben rührt
daher, dass wir uns selbst in der Sonne stehen.

Ralph Waldo Emerson
(US-amerikanischer Dichter und Philosoph)

Selbstgespräch

Selbstgespräche haben den Vorteil,
dass man immer zu Wort kommt.

Oliver Goldsmith (irischer Schriftsteller)

Spiegel

Ich habe alle meine Spiegel abgeschafft,
weil sie die Frechheit haben,
mein Gesicht, das doch einzig in seiner Art ist,
zu verdoppeln.

Johann Nepomuk Nestroy
(österreichischer Komponist und Schriftsteller)

Überzeugung

Wer nicht überzeugen kann,
sollte wenigstens Verwirrung stiften.

Deutsches Sprichwort

Unabhängigkeit

Unabhängigkeit:
eines der wertvollsten Besitztümer der Fantasie.

Ambrose Bierce
(US-amerikanischer Journalist und Satiriker)

Verantwortung

Es ist so bequem, unmündig zu sein.

Immanuel Kant (deutscher Philosoph)

Verliebt

Ist es ein Verbrechen, zu sehr verliebt zu

Alexander Pope (englischer

Verrückt

Jeder spinnt auf seine Weise –
der eine laut, der andere leise.

Joachim Ringelnatz (deutscher Schriftsteller)

Wut

Es wäre dumm,
sich über die Außenwelt zu ärgern.
Sie kümmert sich nicht darum.

Marc Aurel (römischer Kaiser und Philosoph)

Zitat

Ich zitiere mich oft selbst.
Das würzt meine Unterhaltung.

George Bernard Shaw (irischer Schriftsteller)

Zufall

Bin ich auch von Natur nicht ehrlich,
so bin ich's zuweilen aus Zufall.

William Shakespeare (englischer Dichter)

Nützliche Definitionen

Immer hilfreich sind Definitionen zu allen möglichen Themen und Begriffen. Dafür spricht allein schon die Tatsache, dass es so viele davon gibt. Das Beste daran ist, dass man sie nicht nur vielfältig einsetzen kann – sie lassen sich auch noch drehen und wenden wie man möchte. Alles Auslegungssache!

MUSTERBEISPIEL

Sie haben gerade ein »vertrauliches« Gespräch geführt. Ein »guter Bekannter« hat Ihnen sämtliche Untaten Ihres besten Freundes enthüllt.
Petzer: »Das, was ich Ihnen da gerade erzählt habe, das bleibt doch unter uns. Ich kann mich doch hoffentlich auf Sie verlassen.«
Antwort: »Sie kennen ja das afrikanische Sprichwort: ›Diskretion ist schwer: Es stolpern mehr Menschen über ihre Zunge als über ihre Füße.‹«

TIPP Es lohnt sich, über die Inhalte der Zitate nachzudenken, denn damit schafft man sich eine wesentliche Grundlage: die Gabe, die Welt aus mehreren Blickwinkeln zu sehen.

Absurd

Absurd ist eine Meinungsäußerung, die der eigenen Ansicht offenkundig widerspricht.

Ambrose Bierce
(US-amerikanischer Journalist und Satiriker)

Aufrichtigkeit

Die Aufrichtigkeit ist die verletzbare Form der Wahrheit.
Sie wohnt gleich neben dem Herzen.

Aus Tibet

Diskretion

Diskretion ist schwer: Es stolpern mehr Menschen über ihre Zunge als über ihre Füße.

Afrikanisches Sprichwort

Eifersucht

Eifersucht ist die Gelbsucht der Seele.

Honoré de Balzac (französischer Schriftsteller)

Eigennutz

Eigennutz ist die Klippe, an der jede Freundschaft zerschellt.

Ludwig Tieck (deutscher Dichter)

Eleganz

Wirkliche Eleganz heißt,
in Rufweite hinter der Mode zu bleiben.

Marie von Ebner-Eschenbach
(österreichische Schriftstellerin)

Entrüstung

Entrüstung ist ein erregter Zustand der Seele,
der meist dann eintritt, wenn man erwischt wird.

Wilhelm Busch (deutscher Dichter)

Entschuldigung

Sich zu entschuldigen ist die beste Grundlage
für die nächste Beleidigung.

Ambrose Bierce
(US-amerikanischer Journalist und Satiriker)

Fantasie

Die Fantasie ist die schönste Tochter der
Wahrheit, nur etwas lebhafter als die Mama.

Carl Spitteler (Schweizer Schriftsteller)

Flirt

Flirt ist die zarte Kunst, einen Mann mit sich
selbst zufrieden zu machen.

Henry Rowland (US-amerikanischer Physiker)

Gewissen

Das Gewissen ist der erleuchtetste
Philosoph.

Jean-Jacques Rousseau (französischer Philosoph)

Humor

Humor ist der Knopf,
der verhindert,
dass einem der Kragen platzt.

Joachim Ringelnatz (deutscher Schriftsteller)

Idealist

Ein Ideal ist oft nichts als eine
flammende Vision der Wahrheit.

Samuel Taylor Coleridge (englischer Dichter)

Intuition

Intuition ist der eigenartige Instinkt,
der einer Frau sagt, dass sie Recht hat,
gleichgültig, ob das stimmt oder nicht.

Oscar Wilde (irischer Dichter)

Kritiker

Ein Kritiker ist ein Mann,
der alles weiß und selbst nichts kann.

Ernst von Wildenbruch (deutscher Schriftsteller)

Kuss

Was ist schon ein Kuss?
Ist es nicht der glühende Wunsch, einen Teil des Wesens, das man liebt, einzuatmen.

Giacomo Casanova
(italienischer Frauenheld und Schriftsteller)

Lächeln

Lächeln ist die eleganteste Art,
dem Gegner die Zähne zu zeigen.

Epiktet (griechischer Philosoph)

Lob

Übermäßiges Lob ist wie zehn Stück Zucker im Kaffee. Niemand kann das schlucken.

Abraham Lincoln (US-Präsident)

Logik

Die Logik ist so fortgeschritten, dass sie alles widerlegen kann – sogar sich selbst.

Emanuel Wertheimer (deutsch-österreichischer Philosoph)

Meinung

Die Meinung ist die Königin der Welt, weil die Dummheit die Königin der Schwachköpfe ist.

Nicolas Chamfort (französischer Schriftsteller)

Originalität

Originalität ist meistens nichts anderes
als ein noch nicht entdecktes Plagiat.

Voltaire (französischer Philosoph und Autor)

Prinzipien

Prinzipien sind der jämmerlichste Grund,
um sich unbeliebt zu machen.

George Bernard Shaw (irischer Schriftsteller)

Publikum

Das Publikum, das ist ein Mann,
der alles weiß und gar nichts kann.

Ludwig Robert (deutscher Schriftsteller)

Qualität

Qualität ist kein Zufall, sie ist immer
das Ergebnis angestrengten Denkens.

John Ruskin (englischer Philosoph)

Regeln

Regeln lenken den weisen Mann.
Der Dummkopf befolgt sie.

Oscar Wilde (irischer Dichter)

Schönheit

Schönheit ist die vollkommene Übereinstimmung des Sinnlichen mit dem Geistigen.

Franz Grillparzer (österreichischer Schriftsteller)

Schweigen

Schweigen bedeutet für einen großen Teil der Menschheit Gewinn.

Aischylos (griechischer Dichter)

Selbstlosigkeit

Selbstlosigkeit ist ausgereifter Egoismus.

Oscar Wilde (irischer Dichter)

Sieg

Ein gefahrloser Sieg ist ein ruhmloser Triumph.

Pierre Corneille (französischer Schriftsteller)

Sinn

Der Sinn des Lebens ist ein Leben mit Sinn.

Robert Burns (schottischer Nationalbarde)

Sommer

Sommer ist die Zeit, in der es zu heiß ist,
um das zu tun, wozu es im Winter zu kalt war.

Mark Twain (US-amerikanischer Schriftsteller)

Takt

Takt ist die Fähigkeit, andere so darzustellen,
wie sie sich gerne sehen.

Abraham Lincoln (US-Präsident)

Taktlosigkeit

Taktlosigkeit ist der Entschluss,
etwas zu sagen, was alle denken.

Oscar Wilde (irischer Dichter)

Talent

Das Talent ist eine Gabe,
die Gott uns heimlich gegeben hat und die wir,
ohne es zu wissen, offenbaren.

Montesquieu (französischer Philosoph)

Tapferkeit

Tapferkeit ist ein Anfall, der bei den meisten
Menschen schnell vorübergeht.

Mark Twain (US-amerikanischer Schriftsteller)

Toleranz

Toleranz heißt: die Fehler des anderen
entschuldigen.
Takt heißt: sie nicht zu bemerken.

Arthur Schnitzler (österreichischer Schriftsteller)

Versuch

Das ganze Leben ist ein Versuch.
Je mehr Versuche du durchführst,
desto besser.

Ralph Waldo Emerson (US-amerikanischer Dichter)

Vorsatz

Ein guter Vorsatz ist ein Gaul, der oft gesattelt, aber selten geritten wird.

Mexikanisches Sprichwort

Vorsicht

Vorsicht ist das, was wir bei anderen Feigheit nennen.

Oscar Wilde (irischer Dichter)

Wahrhaftigkeit

Wahrhaftigkeit ist die größte List.

Georg Christoph Lichtenberg (deutscher Aphoristiker)

Wahrheit

Zur Wahrheit gehören immer zwei –
einer, der sie sagt,
und einer, der sie versteht.

Henry David Thoreau
(US-amerikanischer Schriftsteller)

Gute Sprüche für alle Gelegenheiten

Zum Abschluss noch eine Anregung für den Geist und gleichzeitig eine kleine Übung. Da es offenbar nicht gelungen ist, die folgenden Sprüche auf den bisherigen Seiten unterzubringen, bleibt diese Aufgabe an Ihnen hängen.

Vielleicht aber, und das wäre wünschenswert, finden Sie noch ganz andere Wege. Wie es die Schlagfertigkeit nun einmal mit sich bringt, fallen einem die besten Sachen erst hinterher ein, und dem Autor dieses Buches ergeht es da nicht besser. Sie, liebe Leserin, lieber Leser, haben Zeit, und die dürfen Sie sich auch nehmen.

MUSTERBEISPIEL

Sie haben wieder einmal eine Sitzung mit Ihrem Chef. Sie wollen ihm klar machen, dass seine Entscheidungen für die Firma katastrophale Folgen haben werden, finden aber kein offenes Ohr, sondern ein verschlossenes Herz.
Chef: »Ich kann Ihre Bedenken da nicht teilen, Herr Müller. Sehen Sie, ich weiß, was ich tue.

Und auch Sie müssen sich den Firmeninteressen unterordnen.«
Herr Müller: »Ich kann mich nicht so einfach damit abfinden, dass Sie uns alle Kopf und Kragen kosten. Wissen Sie, ›um ein tadelloses Mitglied einer Schafherde sein zu können, muss man vor allem ein Schaf sein.‹ Das hat Albert Einstein einmal gesagt, und ich möchte mich nicht wie ein Schaf zur Schlachtbank führen lassen.«

TIPP Zur Perfektionierung der Schlagfertigkeit gehört vor allem eine Portion Mut. Das nötige Selbstvertrauen kann man sich aber in kleinen Schritten erarbeiten. Beim Zitieren haben Sie das sichere Gefühl, dass mit dem Zitat gleichzeitig eine Persönlichkeit hinter Ihnen steht, um Ihnen den Rücken zu stärken.

Altruismus

Selbstaufopferung sollte polizeilich
verboten werden.
Sie wirkt so demoralisierend auf die Menschen,
für die man sich aufopfert.

Herbert Spencer (englischer Ph

Anpassung

Um ein tadelloses Mitglied einer
Schafherde sein zu können,
muss man vor allem ein Schaf sein.

Albert Einstein (Universalgenie)

Anstand

Man muss sich von einem politischen Gegner nicht unbedingt mit einem Fußtritt verabschieden, wenn man es mit einem Händedruck tun kann.

Felix Faure (französischer Politiker)

Ausnahme

Es ist traurig, eine Ausnahme zu sein.
Aber noch viel trauriger ist es, keine zu sein.

Peter Altenberg (österreichischer Schriftsteller)

Beleidigung

Manche Leute sind wie Uhren.
Wenn man sie aufzieht, gehen sie.

Joachim Ringelnatz (deutscher Schriftsteller)

Bildung

Bildung ist das, was übrig bleibt,
wenn wir vergessen, was wir gelernt haben.

George Savile (englischer Politiker und Schriftsteller)

Bücher

Streng genommen hat nur eine Sorte Bücher das Glück unserer Erde vermehrt: die Kochbücher.

Joseph Conrad (englischer Schriftsteller)

Diskussion

Es gibt Menschen, die sich in einer Diskussion dadurch behaupten, dass sie niemanden zu Wort kommen lassen.

Wilhelm Alexander von Kügelgen
(deutscher Maler und Schriftsteller)

Ehrgeiz

Es gibt keinen strengeren Erzieher als den Ehrgeiz. Wobei freilich außer Betracht bleibt: Wozu?

Christian Morgenstern (deutscher Schriftsteller)

Erfolg

Wer dauerhaften Erfolg haben will, muss sein Vorgehen ständig ändern.

Niccolò Machiavelli (italienischer Politiker und Philosoph)

Feiern

Sie haben mich nicht nur nicht eingeladen,
ich habe auch abgesagt.

Joachim Ringelnatz (deutscher Schriftsteller)

Feind

Wenn ein Feind dir Böses angetan hat,
schenke jedem seiner Kinder eine Trompete.

Chinesisches Sprichwort

Fröhlichkeit

Man sollte den Gästen
einen guten Trunk geben,
damit sie fröhlich werden.

Martin Luther (deutscher Reformator)

Glauben

Aber hier, wie überhaupt,
kommt es anders als man glaubt.

Wilhelm Busch (deutscher Dichter)

Inspiration

Inspiration ist niemals echt,
wenn man sie gleich als solche empfindet.

Samuel Butler der Ältere (englischer Satiriker)

Klugheit

Der Vorteil der Klugheit liegt darin,
dass man sich dumm stellen kann.
Das Gegenteil ist schon schwieriger.

Kurt Tucholsky (deutscher Schriftsteller)

Krankheit

Die Erforschung der Krankheiten hat so große Fortschritte gemacht, dass es immer schwerer wird, einen Menschen zu finden, der völlig gesund ist.

Aldous Huxley (englischer Schriftsteller)

Krise

Eine Krise kann jeder Idiot haben.
Was uns zu schaffen macht, ist der Alltag.

Anton Tschechow (russischer Schriftsteller)

Lachen

Schlagen Sie mich lieber,
aber lassen Sie mich lachen.

Jean Baptiste Molière (französischer Dichter)

Leben

Viele würden gern
ein einfacheres Leben führen,
wenn der Weg dahin nicht so kompliziert wäre.

Justus Jonas (evangelischer Theologe)

Optimismus

Des Schweines Ende ist der Wurst Anfang.

Wilhelm Busch (deutscher Dichter)

Spaß

Gott sei Dank,
dass der Spaß nicht totzukriegen ist
in dieser so sehr mürrischen Welt.

Wilhelm Raabe (deutscher Dichter)

Unmöglichkeit

Die letzte Stimme, die man hört,
bevor die Welt explodiert,
wird die Stimme eines Experten sein, der sagt:
»Das ist technisch unmöglich!«

Sir Peter Ustinov (Universalgenie und Weltbürger)

Verständnis

Verstehe ein Kind, dann verstehst du Gott.

Joseph Wittig (deutscher Theologe)

Wunder

Ich glaube nicht an Wunder.
Ich habe ihrer zu viele gesehen.

Oscar Wilde (irischer Dichter)

Zitat

Traue keinem Zitat, das du nicht selbst aus dem Zusammenhang gerissen hast.

Johannes Rau (deutscher Bundespräsident, 1931–2006)